VENCEREMOS ROTHBARDEROS

Wie *Theo van Doesburg* mich, möglicherweise, 1921 konstruiert hätte,
basiert haben werdend auf einem Foto von Marc Bernot, 2020.

Stefan Blankertz | 1956 | »Wortmetz« | Neoliberaler
Kulturmarxist. *Rothbardero* since 1980.

STEFAN BLANKERTZ

ROTHBARD DENKEN

EDITION G. 120

Rothbard Institut
FÜR IDEOLOGIEKRITIK

ORIGINALAUSGABE

120 edition g.

Herstellung und Verlag:
BoD – Books on Demand, Norderstedt
Copyright © 2021 Stefan Blankertz
überarbeitete Ausgabe 2022
editiongpunkt.de
Alle Rechte vorbehalten
ISBN 978-3-7534-0788-3

INHALT

»Die Welt ist meine Vorstellung.«
— *Arthur Schopenhauer, 1819.*

»Diese Welt ist der Wille zur Macht.«
— *Friedrich Nietzsche, 1885.*

ECCE HOMO

Irgendwo — vermutlich in Asien, ¿oder in Mexiko? — wird ein Mädchen geboren. Wild und widerständig wächst sie auf. Lernt Deutsch. Gelegentlich stolpert sie über meine Schriften und wird zum Träger einer *neuen Politik der Toleranz*. Für sie sei dieser Essay geschrieben.

PRÄAMBEL
DIE WELT ALS MACHT MEINER VORSTELLUNG

»… anerkennen, dass wir die Welt vermittels unserer Wahrnehmung filtern, und zugleich kurz vor dem Konstruktivismus stoppen.« — *Peter Philippson, 2001.*[1]

---

[1] *Selbstwerdung* (2001), Berlin 2018 (edition g. 406), S. 21.

Fehlkonstruktionen. — Unter »Konstruktivismus« versteht man heute in der Philosophie gemeinhin die Auffassung, dass der Mensch sich die ihn umgebende Wirklichkeit konstruiere – jeder Mensch einzeln oder Subgruppen der Menschheit, die möglicherweise sozial und kulturell definiert sind. Ich habe nie recht einsehen wollen, wodurch diese Auffassung vom altehrwürdigen deutschen Idealismus sich unterscheidet: *Die Welt als Macht meiner Vorstellung.* Eine solche Auffassung des Konstruktivismus macht uns Menschen – im Pluralis Majestatis – mit ihrer Performanz deutlich, dass das, was wir für wahr, wirklich, richtig oder falsch, recht oder unrecht, moralisch oder böse halten, weder exakt dem entspricht, was wir tatsächlich um uns herum zu sehen meinen, noch zwischen uns einmütig ist. Insofern dekonstruiert der Konstruktivismus die unbedingte Wahrheitsbehauptung, die im Bereich von Politik und Religion so viel Unheil anzurichten verstand. Jedoch stellt der Konstruktivismus seinerseits eine Wahrheitsbehauptung auf: Das, was er aussagt, gilt ihm nicht als irgendwie beliebig; mithin ergibt sich sowohl ein erkenntnistheoretischer Eigenwiderspruch als auch eine soziologische Falle: Es zeigt sich, dass Konstruktivismus leicht in Normativität umzuschlagen und gleichfalls totalitär zu werden vermag.

Einen wie es zunächst scheint vom philosophischen Konstruktivismus ganz abweichenden Begriff des Konstruktivismus hat der Ökonom und (Sozial-)Philosoph

F. A. Hayek geprägt. Mit einer kritischen Absicht kennzeichnete er dergestalte politische Denkrichtungen und Bewegungen als »konstruktivistisch«, die normativ eine Gesellschaft skizzieren, wie sie sein sollte; und dann macht man dies Ideal wahr, koste es nun, was es wolle. Im Einklang mit seiner Zeit fasste Hayek insbesondere den Staatskommunismus und den Nationalsozialismus durch solche Kategorie zusammen. Sowohl der Staatskommunismus als auch der Nationalsozialismus fallen unter eben jene Weltvorstellungen, die Paradebeispiele für nicht-konstruktivistische Denkweisen im Sinne des heutigen philosophischen Gebrauchs verkörpern: Sie sind von einer unduldsamen Wahrheitsbehauptung getragen, sei sie philosophisch auch so primitiv fundiert wie bei Josef Stalin oder Adolf Hitler. Gute Gründe sprechen dafür, dass der philosophische Konstruktivismus geradezu aus dem Bedürfnis entstanden ist, sich gegen die Erfahrungen totalitärer Indienstnahmen der Philosophie oder andrer theoretischer Bemühungen zu wappnen, die das 20. Jahrhundert prägten.

Dieses Sich-Wappnen ist allerdings gründlich misslungen. Denn Konstruktivismus kann entsprechend sich Normativität anmaßen – und hat es. Die Mahnung von Konstruktivisten, dass das, worin wir Wahrheit erblicken, eine von uns selber gestaltete Konstruktion bedeute, hat den Menschen auf der einen Seite eine enorme Freiheit – in existenzialistischer Anschauung – wiedergegeben. Auf der anderen Seite vermag sie in den Händen politisch aktiver Kräfte die Auffassung zu befeuern, eine Gesellschaft ließe sich nach beliebigen erwünschten Vorgaben einrichten. Bei der Definition der »Erwünschtheit« wird meist gar nicht mehr auf das –

 STEFAN BLANKERTZ

Briefmarke der Russischen Föderation, 2000, mit dem Entwurf für das nie realisierte *Monument der Dritten Internationale* des konstruktivistischen Künstlers Wladimir Tatlin, 1920, Seite an Seite mit einer Zeichnung der 24,5 m hohen Plastik *Arbeiter und Kolchosbäuerin* der Bildhauerin Wera Muchina im Stil des Sozialistischen Realismus, zunächst gezeigt auf der Weltausstellung in Paris 1937 und nach deren Ende in Moskau aufgestellt. 1941 erhielt die Künstlerin für diese Plastik den Stalinpreis.

Hammer und Sichel sind auch in Berlin, 2020, immer häufiger als Wanddekoration hingeschmiert zu sehen. Die Nostalgie der Rückkehr zur endgültig nationalisierten Wirtschaft ist sogar verständlich, weil in der *mixed economy* die Probleme stets auf die schrumpfenden Märkte, die Vorteile dagegen auf die Regierungsinterventionen zurückgeführt werden. Weshalb die Märkte überhaupt noch dulden, fragt der gebeutelte Bürger sich. Die Herrschenden haben die Lektion gelernt, dass sie derart um so weniger zu enteignen haben, also selber drunter leiden. Besonders die Armen jedoch sehnen sich nach einer mächtigeren und klareren Lösung. Die erblicken sie in einem starken Staat, und es scheint ihnen einerlei zu sein, ob der dann rechts oder links steht – Hauptsache, er verspricht »Wohlstand für Alle«; außer, natürlich, für die jeweiligen Feinde. Dass er schließlich allerdings Knappheit für Alle (außer, natürlich, für die Herrschenden) bedeutet, steht erst im Kleingedruckten.

Aber jeder blamiert sich, so gut er kann; und das Volk ist verantwortlich für nichts, muss dann freilich das Leid tragen.

Jacopo da Pontormo, Detail aus der *Kreuzabnahme Christi*, Altargemälde der Capponi-Kapelle, 1525-1528, Santa Felicita, Florenz.

Sich von diesem Blick dekonstruieren zu lassen, heißt, Legalität nicht mehr mit Legitimität zu verwechseln. Die Pflicht wird Dich immer in den Gegensatz zum rechtspositivistischen Gesetz der Staatsgewalt bringen. Das Kreutz zu tragen, bedeutet, immer zuzugestehen, daß die Gewalt des Staates stärker ist als Du, aber niemals, daß sie die Moral für sich reklamieren darf.   23.12.20

bereits in sich ziemlich problematische – Kriterium der Mehrheit Bezug genommen, sondern auf ein sattsam schwammiges »WIR« rekurriert, das sich mal bei einer fast hundert prozentigen Zustimmung wähnt und mal auch gegen eine empirische Mehrheit votieren kann.

Exemplarisch möchte ich das mit dem betrüblichen Schicksal der Gendertheorie Judith Butlers illustrieren. In *Gender Trouble* (1990) knüpft sie an das Diktum von Simone de Beauvoir an, man werde als Frau nicht geboren, sondern zur Frau gemacht.[1] Butler zeigt auf, wie das Geschlecht, vor allem eine binäre Geschlechtlichkeit des Menschen ab der Geburt durch performative Sprechakte erzeugt – eben konstruiert – werde und setzt sich vor allem auch kritisch auseinander mit den feministischen, gar explizit lesbischen Ansätzen, wenn sie die Vorstellung einer »natürlichen« Weiblichkeit beinhalten. Das Buch mündet in dem Appell, sich durch einen »parodistischen« Umgang mit den Geschlechteridentitäten persönliche Freiheit zu erringen.[2] Das ist die aufklärerische Kluft ihrer Theorie.

Judith Butler ist bekennend lesbisch. Man kann also davon ausgehen, dass für sie selber das Geschlecht ihres Lebens- und Sexualpartners ebenso bedeutungsvoll ist wie für einen Heterosexuellen. Auch Bisexuelle finden es meist nicht egal, welchem Geschlecht der angehört, mit dem sie sich aktuell liieren. Freilich: Sogar wenn es

---

1 Judith Butler, *Gender Trouble*, New York 1990, S. 8: »One is not born a woman, but, rather, becomes one.« Original: »On ne naît pas femme : on le devient« (*Le Deuxième Sexe*, Band 2, Paris 1949, S. 13). Basiert auf Erasmus 1513 »homines non nascentur, sed finguntur« (Menschen werden nicht geboren, sondern gebildet). Ein übrigens nicht nur aufklärerischer, sondern auch überheblicher Satz.
2 »practice of parody« (*Gender Trouble*, S. 146).

Menschen gäbe, für die das Geschlecht in der Wahl von Partnern oder Freunden ernstlich keinerlei Rolle spielt, legitimiert dies nicht, dass man es auch für Andere zur Wahrheit macht. Die Tatsache von Transsexualität, die einen so großen Raum in Butlers Argumentationsgang einnimmt, spricht gegen ihre eigene Theorie. Wenn das Geschlecht ein rein gesellschaftliches Konstrukt wäre, wäre es nicht zu verstehen, warum jemand das Gefühl haben könnte, in einem »falschen« Körper geboren zu sein – und allem voran gäbe es nun überhaupt keinen Grund, diesen Körper als Körper durch chirurgischen und medikamentösen Eingriff zu verändern. Offenbar kommt diesem Körper eine Art Objektivität zu, die sich nicht dekonstruieren, wohl aber in gewissem Ausmaß materiell manipulieren lässt.

Mit ihrem Bekenntnis dazu, lesbisch zu sein, macht Judith Butler noch ein Zweites. Sie diskriminiert; sie diskriminiert dem Geschlecht nach: Männer sind ausgeschlossen. Nicht nur das. Sofern sie eine Partnerin hat, schließt sie ebenfalls fast alle Frauen aus dem Kreis aus, die Chance zu haben, mit ihr eine Partnerschaft einzugehen. Dies ist keine triviale Feststellung angesichts von ersten Versuchen in öffentlichen Schulen, enge Freundschaft unter Schülern als diskriminierend zu stigmatisieren. Jede Form intimer und mithin exklusiver Freundschaft wird denunziert. Niemand dürfe Mauerblümchen bleiben, so als ob es nicht die grundlegende Funktion der Selbstbestimmung ist, sich diejenigen frei zu wählen, mit denen man Umgang pflegt, und nicht gezwungen zu sein, mit Anderen umzugehen, die man nun mal nicht riechen kann.

Bei allem, was mir an Butlers Theorie problematisch

klingt, war es für mich inspirierend und erhellend, mich mit ihr kritisch zu befassen. Und es ist sinnvoll, sich durch sie anregen zu lassen, denn was man vergeblich sucht in ihrem Buch, sind: Aufrufe, Andersdenkende sozial zu marginalisieren. Forderungen, Personen, die es aus welchem Grunde auch immer ablehnen, eine gendergerechte Sprache zu verwenden, akademisch oder gar strafrechtlich zu sanktionieren. Es wird nicht-mal der Entwurf für ein Curriculum vorgelegt, das in öffentlichen Schulen oder gar Kindergärten gegen den Willen der Betroffenen zu implementieren sei, seien es die Kinder und Jugendlichen, seien es ihre Eltern, seien es die Lehrer oder die Erzieher. Doch ist es genau dies, was man dreißig Jahre nach *Gender Trouble* mit Bezugnahme auf jenes Buch zur Wahrheit macht. WIR wollen das, egal wie viele oder wie wenige WIR sind, und WIR können das, sobald WIR Macht dazu haben. WIR tun das, weil es moralisch wahr ist. Judith Butler selber hat man zu einem performativen Sprechakt degradiert und ihrer aufklärerischen Kluft gestrippt.

Staatsgewalt macht aus der dekonstruktivistischen Theorie eine konstruktivistische Praxis – nun ganz im Sinne von F. A. Hayek. Zu deren Rechtfertigung kriegt man zu hören, die Gewalt performativer Akte schaffe mit den öffentlichen Institutionen das Konstrukt der Weiblichkeit (und der Männlichkeit), sodass man, falls man hierzu die Macht erlangt, die Möglichkeiten genau dieser öffentlichen Institutionen einsetzen müsse, um gegenzusteuern. Öffentliche Institutionen vermögen schließlich nur eins von beidem, die hergebrachte Form der binären Geschlechtlichkeit zu propagieren oder die neue Form der Gendertheorie zu implementieren.

Insoweit es die öffentlichen Institutionen – laut der herrschenden Sprechweise sind damit ausschließlich *staatliche* gemeint – betrifft, macht die Rechtfertigung durchaus Sinn. Hier zeigt sich, was der Konstruktivismus über all seine erkenntnistheoretischen Spielchen ganz vergessen hat zu dekonstruieren: das politische System.[1] Nicht ein spezielles politisches System, vielmehr das System der Politik: Als »Macht« war es in der Theorie von Michel Foucault noch allgegenwärtig. Doch seine Analyse ist untergegangen – nicht zufällig, sondern genau aus dem Grund, dass sie nicht politiktauglich, nicht politikgängig ist. Ebenso politiktauglich wie politikgängig ist aber eine Form des Konstruktivismus, der den politisch Handelnden zuruft: Was immer ihr für richtig haltet und was immer ihr entscheidet, ihr könnt und ihr dürft, ja, ihr müsst es *qua* Staatsgewalt umsetzen.

Die Infrastrukturen,[2] die uns umgeben, sind Konstrukte der Staatsgewalt; sie entspringen unfreiwilliger Interaktion: dem politischen Prozess, welchen Gewalt prägt. Etwas wird verbindlich nicht, weil es akzeptiert wird, sondern weil der Apparat (infra-)struktureller Gewalt Minderheiten oder zuweilen auch Mehrheiten unterdrückt und mundtot macht. Dies sei mein Ausgangspunkt der Dekonstruktion ebenso westlichweißer wie patriarchalischer Politik des Antikapitalismus.

---

1 Judith Butler, *Gender Trouble*, S. 148: »The deconstruction of identity is not the deconstruction of politics.«
2 Bildungs-, Gefängnis-, Gesundheits- und Sozialwesen, Justiz, Kultur, Militär, Polizei, Straßen und Parks, Telekommunikation, Versorgungsunternehmen, Währung. – Diese These ist ursprünglich von Paul Goodman angeregt, siehe unten das Zitat auf S. 78.

FEHLKÖNSTRUKTIONEN

»Viele sind der Ansicht, dass die gewöhnlichen Wettbewerbsprozesse des Marktes die Einführung neuer Verfahren nicht ausreichend bereit stellen und daher Innovationen von der Regierung gefördert werden müssten. Aber der Markt entscheidet über das *Tempo* der Einführung neuer Verfahren ebenso wie er über das *Tempo* der Industrialisierung eines geographischen Gebiets entscheidet.« — *Murray Rothbard, 1970.*[1]

1 *Power & Market: Government & the Economy* (1970), Kansas City 1977, S. 70. (Meine Hervorhebung: Zum *Tempo* vgl. unten S. 46.) Deutsch als Band 3 von *Mensch, Wirtschaft und Staat*, Wien 2021 (mises.at), S. 1028.

1

»… wir steigern das Bruttosozialprodukt!« — Begriffe im politisch-ökonomischen Diskurs scheinen ebenso geläufig wie wirklich zu sein. Man bemisst und vergleicht nationalen Wohlstand mit dem Bruttoinlandsprodukt o. ä. »makro-ökonomischen Instrumentarien«.

Stellen wir uns vor, jede Familie mit Kindern, in der ein Elternteil den Kindern zum Schlafengehen etwas vorliest, würde, statt den eigenen Kindern den Kindern der zur linken Hand nächstwohnenden Familie mit Kindern vorlesen und dafür entlohnt werden. Trotz der hiermit sicherlich verbundenen Dramen (und dem mit diesen verglichen sicherlich bloß geringen Zugewinn an »Wohlstand«) hätte sich über Nacht das Bruttoinlandsprodukt erhöht, nicht spürbar, aber sichtbar, soweit wir die Statistik statt der Wirklichkeit betrachten. Das Land, das diesen genialen Trick anwenden würde, würde schnell sich den Nachbarn gegenüber als deutlich wirtschaftspotenter darzustellen vermögen.[1]

Ein solcher verwegener Plan, um das Bruttoinlandsprodukt anzuheben, ist mir wenigstens nicht bekannt. Wohl aber herrscht seit einigen Jahren und immer mal wieder Kritik daran, dass der Kapitalismus die Hausarbeit gegenüber der Erwerbsarbeit nicht angemessen würdige; dies war ein ziemlich bedeutsamer Diskurs, solange die Hausarbeit in der geschlechterspezifischen

---

1 In Anlehnung an: Murray Rothbard, *Man, Economy, and State* (1962), Los Angeles 1970, S. 940 (Anm. 104). Deutsch: *Mensch, Wirtschaft und Staat*, Band 2, Wien 2021, S. 887, Fn. 2. Siehe auch *Bibliografischer Abriss*.

Arbeitsteilung üblicherweise festgelegt sich fand. Eine bis heute vorherrschende Idee, das auf diese Weise herausgestellte Manko des Kapitalismus zu heilen, lautet nun nicht etwa, dass der Lebenspartner, der unentgeltlich den Haushalt führte, diesen bei der Familie linker Hand übernehme und hierfür von ihr entlohnt werde, vielmehr dass der Staat die Entlohnung vornehme. Das würde noch mehr erreichen, weil die für derartige Entlohnung der Schattenarbeit benötigten Mittel zunächst vereinnahmt und dann nach einem vermutlich äußerst komplizierten Schlüssel wiederum verausgabt werden müssten. Die Vereinnahmung *qua* Steuererhebung sowie die Verausgabung *qua* Verteilungsbürokratie würde ja weitere Arbeitsplätze schaffen und somit das Bruttoinlandsprodukt noch mehr in die Höhe schrauben.

Vermutlich fällt erst einmal kaum auf, wie merkwürdig jene Formulierung, der Kapitalismus würdige Hausarbeit nicht angemessen, in Wirklichkeit ist. In ihr spricht man den Kapitalismus an, als sei er ein handelndes Subjekt, vergleichbar etwa mit dem Staat,[1] der den im Krieg verdienten General mit Orden behängt und dadurch seine lobenswert altruistische »Bereitschaft« würdigt, das Leben Übriger fürs Vaterland hinzugeben. Führen wir den allzu allgemeinen Begriff *Kapitalismus* auf die tatsächlich handelnden Subjekte zurück, bekommt die Geschichte eine ganz neue Färbung. Woher weiß der Kritiker, ob in einer Lebensgemeinschaft, in der der Eine von beiden einer Erwerbsarbeit nachgeht und der Andere den Haushalt führt, dessen Tätigkeit angemessen gewürdigt wird? Und wer sonst wäre ferner

1 Wer hier eine (historisch-materialistische) Staatstheorie vermisst, sei auf meine *Einladung zur Freiheit* (edition g. 118) verwiesen.

     STEFAN BLANKERTZ

berechtigt, einen Maßstab für die Angemessenheit zu setzen, als die in Frage stehende Person selber? Sollte es denn niemals auch umgekehrt vorkommen, dass der Partner, der zu Haus ist, den aufopferungsreichen Einsatz des einer Erwerbsarbeit nachgehenden Partners nicht angemessen würdigt? Woher weiß der Kritiker, dass in allen Partnerschaften solche Unangemessenheit der Würdigung vorliegt? Wie könnte ein Test strenger ausfallen als in der Form, ob der möglicherweise nicht angemessen gewürdigte Partner an der Lebensgemeinschaft festhält? Wenn die Antwort auf die letzte Frage lautet, der hausarbeitende Partner *dürfe* einer Erwerbsarbeit nicht nachgehen, wie das für Frauen bei uns lange galt und in anderen Ländern noch gilt, befinden wir uns in keiner kapitalistisch geprägten Situation, sondern einer, in welcher die Staatsgewalt ein kulturelles, meist religiös motiviertes Gebot durchpeitscht. Dass die Aufhebung sowohl der ökonomisch als auch der kulturell begründeten Arbeitsteilung der Geschlechter möglich ist, gehört zu den großen befreienden Errungenschaften des Kapitalismus. So zweifellos, dass auch Karl Marx und Friedrich Engels nicht umhin kamen, sie mit Hochachtung zu bedenken. Der Kapitalismus hat hier die *Wahlmöglichkeit* eröffnet. Erst eine staatlich herbeigeführte Wiederverarmung führt ins Gegenteil, dass die Erwerbsarbeit *beider* Lebenspartner erforderlich ist, um die Familie über die Runden zu bringen.

Paradoxer Wandel im Antikapitalismus. — In dem, was man dem Kapitalismus ganz allgemein vorwirft, hat eine inhaltlich klare, doch zeitlich etwas unscharfe

Zäsur stattgefunden, die vor einigen Jahrzehnten begann und heute mehr oder weniger abgeschlossen ist:
»(**a**) der Kapitalismus ›wächst‹ nicht schnell genug, und
(**b**) das Problem mit dem Kapitalismus liege darin, dass
er uns zu ›wohlhabend‹ macht.«[1]

Der ältere Vorwurf lautete, dass der Kapitalismus
zu wenig produziere: Es gäbe den einen oder anderen
Mechanismus (verschiedene Theoretiker haben unter-
schiedliche Mechanismen namhaft gemacht), der den
Kapitalismus daran hindere, die Produktivkräfte opti-
mal zu entfalten und die wirtschaftliche Fortschrittlich-
keit weitestmöglich voranzutreiben. Als Bereiche, die
der Kapitalismus nicht oder ungenügend entwickle,
nannten Politiker, Sozialkritiker, Wirtschaftsvertreter
sowie Ökonomen: Infrastrukturen, Schwerindustrie,
(Schul-) Bildung, Gesundheitswesen und Forschung.
Aus dieser Kritik erwuchs das politische Heilmittel der
staatlichen Übernahme: Nationalisierung.

Dabei gab es keine einzige staatlich übernommene
soziale Funktion, die niemals anders als staatlich zur
Verfügung gestellt wurde, trotz des beharrlichen Fest-
haltens realitätsblinder Ökonomen an der gegenteiligen
Behauptung: es existierten *Kollektivgüter*, die grundsätzlich nicht und unter keinen Umständen anders als
auf dem Weg staatlicherseits angewandter Gewalt –
Besteuerung und Regierungsbudget – zu erlangen seien.
Es ging immer darum, dass die Art, in der bestimmte
Güter auf den Märkten mit selbstorganisiertem und
verantwortlichem Handeln durchs Subjekt produziert

---

1 *Man, Economy, and State*, S. 840 (dt. S. 876). Der Vorwurf des Wohlstands oder Überflusses war damals nackt, heute kleidet er sich ein: der
Kapitalismus zerstöre Gesundheit, Klima, Lebensfreude, Natur, Umwelt.

 STEFAN BLANKERTZ

wurden, irgendeinem Maßstab zufolge ungenügend sei, den man losgelöst von den betroffenen Handelnden generiert, oder dass die Menge bestimmter Güter nicht ausreiche, ebenfalls gemessen an solch einem externen Maßstab. Antikapitalismus zeigt in allen Formen einen starken Hang zur Bevormundung.

»Gewaltcharakter des Staats« hört sich drastisch an. Indessen: Sogar das Grundgesetz der Bundesrepublik Deutschland weist ihm eine wesentliche Bedeutung zu, statuiert es doch, alle *Staatsgewalt* gehe *vom Volke aus.* Das Spezifische staatlicher Gewalt liegt darin, dass der Staat einen Monopolanspruch erhebt (du sollst keinen anderen Gott haben neben mir), welchen er mehr oder weniger erfolgreich verteidigt. In der Demokratie gilt die weitere Besonderheit, dass die Gewalt idealtypisch Namens der Mehrheit des Volks ausgeübt wird. Das macht die Gewalt nicht geringer, nicht moralischer und auch nicht behaglicher. Bei entwickelter Staatlichkeit handelt es sich freilich, wie wir sehen werden, vor allem um *(infra-) strukturelle* Gewalt.

Seit der Russischen Oktoberrevolution 1917 war die Systemfrage bloß noch die, ob, um eine ausreichende und optimale wirtschaftliche Entwicklung zum Wohle Aller zu gewährleisten, die gesamte Wirtschaft in staatliche Planung zu übernehmen sei, oder nur rund deren Hälfte. Zwischen totalitärem Osten und freiem Westen herrschte ein mehr oder – meistens – minder großer gradueller, kein wirklich systemischer Unterschied.[1] Darum will ich die Theorie, der Kapitalismus müsse

1 »The extent of socialism in the present day [d.h. 1962] world is at the same time *under*estimated in countries such as the United States and *over*estimated in Soviet Russia.« *Man, Economy, and State,* S. 830 (dt. S. 864).

durch Staatshandeln entweder ersetzt oder zumindest in weiten Teilen kanalisiert, modifiziert, überwacht und unterstützt werden, unhistorisch als »Stalinismus« bezeichnen, nicht weil Josef Stalin der erste war, der sie vertrat (vielmehr finden sich schon bei Adam Smith die Ursprünge dieser Argumentation), sondern weil die Theorie in seinem Regime ihren höchsten Ausdruck fand. Weshalb, obwohl es nicht sich um systemische Unterschiede handelte, das Ergebnis grundverschieden ausfiel, ist ein Thema des zweiten Teils unter dem Titel *Umgehungstendenz*.[1]

Die universelle Akzeptanz Stalinistischer Theorie der Entwicklung lässt sich nicht besser beweisen als mit Hinweis auf die Entwicklungspolitik der Westlichen Welt, die darauf setzte, in den Ländern, die angeblich eine von außen organisierte Entwicklung benötigten, um aus der Armut heraus zu finden, Infrastrukturen wie Straßen und Bildung aufzubauen. Das empirische Scheitern dieser Entwicklungspolitik – etwa in Afrika – ist ebenso dramatisch und für die Bevölkerungen, die es trifft, tragisch wie das Scheitern des Staatssozialismus[2] in der vormaligen UdSSR und ihren Satellitenstaaten, in der VR China, in Nordkorea oder derzeitig in Venezuela. Die Bedingung dieses Scheiterns fasst Rothbard in der Gesetzmäßigkeit zusammen, »Zwang

---

1 Siehe Abschnitt 11 (S. 68ff).
2 Es gab einen nicht-staatlich gedachten Sozialismus – von Pierre-Joseph Proudhon über Michael Bakunin, Peter Kropotkin, Gustav Landauer, Benjamin R. Tucker (er half bei Rothbards Konversion zum Anarchisten), Voltairine de Cleyre und Emma Goldman bis hin zu Martin Buber –, der bis 1917 vermutlich die Mehrheit der revolutionären Bewegung darstellte und im Sperrfeuer der Lenins, Trotzkis, Stalins, Ben-Gurions, Maos und Che Guevaras unterging. David Ben-Gurion hier einzureihen, ist schmerzlich, aber notwendig. Martin Buber war die Alternative.

und Gewalt können ›verteilen‹, vermögen aber nicht zu produzieren«.[1]

Mit den 1960er Jahren und der Wohlstandsgesellschaft hat im Westen die Kritik am Kapitalismus sich um 180 Grad gedreht und ist in ihr Gegenteil umgeschlagen, nämlich der Kapitalismus produziere zu viel (und das Falsche). Ressourcenverbrauch und Umweltschäden sind nun die herrschenden Themen; einzig bezogen auf Gesundheit und Bildung bleibt es bei der älteren Beteuerung, der Kapitalismus produziere zu wenig. Obwohl die neue Kritik auf eine Situation trifft, in der alle inkriminierten Fehlentwicklungen entweder allein durch den Staat oder mit seiner massiven Unterstützung, Überwachung, Modifikation, Kanalisierung usw. von statten gegangen sind, wendet sie sich nicht gegen den Staat (oder dies bloß während der kurzen Übergangsperiode der Neuen Linken Ende der 1960er bis Anfang der 1980er Jahre), sondern wiederum gegen »den Kapitalismus«. – Diese heutige Form der Kritik möchte ich genauso polemisch, dafür sehr historisch als eine der »Bevormundermenschen«[2] bezeichnen, denn das hauptsächliche Mittel der Heilung besteht solcher Form der Kritik zufolge in Überwachung, Modifikation sowie Kanalisierung privater Verhaltensweisen durch den Staat. Die Bandbreite reicht von »Anreizen« (etwa

1 Murray Rothbard, *Power & Market: Government & the Economy* (1970), Kansas City 1977, S. 222 (dt. S. 1184).
2 Ein Begriff von Jens Bjørneboe. »Vi er endelig ankommet til formyndermenneskets tidsalder.« (Wir sind endlich angekommen im Zeitalter des Bevormundermenschen. – Rede an Abiturienten, Oslo 1956; abgedruckt in: Jens Bjørneboe, *Norge, mitt Norge: Essays om formyndermennesket,* Oslo 1968.) Gilles Deleuze sprach 1990, weniger poetisch, doch genauso zutreffend von der »Kontrollgesellschaft«. Aber im Gegensatz zu Deleuze wusste Bjørneboe, dass der Staat die treibende Kraft dahinter ist.

Kauf- und Abwrackprämien, Steuern auf missliebige Produkte usw.) bis hin zu manifesten Verboten.

Einer der wirksamsten Hebel der Bevormundermenschen war die Anti-Atomkraft-Bewegung.[1] Dabei hätte Atomkraft geradezu als das Paradebeispiel der Stalinistischen Entwicklungspolitik zu gelten. Überall ist Stromerzeugung mittels Atomkraft das Werk von staatlichen Energieversorgern, von Energieversorgern, denen der Staat Monopolprivilegien verliehen hat, oder für die er vorteilhafte rechtliche Rahmenbedingungen schuf, etwa die Enthebung von möglicher Haftung bei Schäden. Auf den letzten Punkt, die Enthebung von möglicher Haftung, komme ich gleich beim Thema der *Verkehrsinfrastruktur* zurück.[2]

Es ist nicht so sehr zu fragen, ob – und in welcher Weise – Atomkraftwerke auf den Märkten entstanden wären, hätten entstehen können oder in Zukunft entstehen könnten, als vielmehr zu konstatieren, dass der Grund für das massive staatliche Protegieren der Atomkraft, der segensreichen »friedlichen Nutzung der Kernenergie«, die Stalinistische Entwicklungstheorie war, nämlich die Angst, die Märkte, mithin freie Interaktion von Menschen, würden sie eben genau nicht hervorbringen. Sie war *politisch* gewollt; der Kapitalismus hat in ihr keine Aktien.

Wir erkennen hier sofort eine weitere Problematik des herrschenden Diskurses: Indes die Bevormundermenschen sich gegen eine der staatlich erzeugten Infrastrukturen wenden, diese jedoch den Märkten anlasten

---

1 Zu dem anderen ursprünglichen Hebel, der Bewegung gegens Rauchen, siehe unten S. 48.
2 Siehe unten S. 31ff.

 STEFAN BLANKERTZ

Reaktor 4 des Atomkraftwerks Fukushima Daiichi nach der Zerstörung durch einen Tsunami im März 2011. Der Betreiber dieses Reaktors war die Tōkyō Denryoku AG (Tōden, 東電), 1939 verstaatlicht, 1951 mit Monopolgarantie privatisiert, ab 1995 Quasi-Monopolist im Großraum Tokio, Aktien teilweise »in öffentlicher Hand«.

Bloß staatliche Forschung sowie fortgesetzte massive Subventionen bewegten Energieunternehmen in Japan und anderswo zum Bau von Atomreaktoren, ganz zu schweigen von rein staatlich betriebenen Reaktoren in der UdSSR und anderswo.

Wer staatliche Grundlagenforschung will – dies ist das Ergebnis. Oder, weniger polemisch: … es könnte das Ergebnis sein, wenn die Grundlagenforschung durch den Staat organisiert wird, ohne Rücksicht auf die Bedürfnisse der Bevölkerung und unter Umgehung von Bedenken. Woher wissen die, die die Sünden gestriger staatlicher Infrastrukturleistungen durch neue Maßnahmen des Staats in anderer Richtung heilen wollen, dass in hundert oder bereits in fünfzig Jahren nicht sich die eingeschlagene Richtung als ebenso katastrophaler Fehler herausstellt? Ein ressourcenschonender Umgang ist eine Tugend, die um so weniger Chancen hat, desto mehr Mittel zur Verfügung stehen, entgegenstehende Bedürfnisse und Interessen zu übergehen und zur Kooperation oder wenigstens zum Stillhalten zu verpflichten. Diktatur ist das althergebrachte Instrument. Der entwickelte demokratische Staat nutzt seine Finanzmacht.

Drei-Schluchten-Talsperre, Hauptwall, Jangtse bei Yichang, das größte Infrastrukturprojekt Chinas, erbaut 1995 bis 2008/2012.

Für diese Talsperre wurden mehrere Millionen Menschen, vornehmlich Bauern, aus rund 140 Orten zum Teil zwangsumgesiedelt in für sie deutlich schlechtere, weniger fruchtbare Gebiete. Nach ihrer Fertigstellung mussten weitere Millionen Menschen aus ökologischen Gründen umgesiedelt werden.

Im »öffentlichen Interesse«, was nichts anderes heißt als: zum Wohle der Staatsgewalt.

»Unabhängig von der Regierungsform sind die Machthaber die wahren Besitzer des Eigentums. [...] In jeder Regierungsform sind die Herrscher jedoch vorübergehend. [...] Deshalb betrachtet ein Regierungsvertreter sich bloß als einen vorübergehenden Eigentümer. Während ein Privateigentümer, der sicher in seinem Eigentum ist und dessen Kapitalwert besitzt, die Nutzung seiner Ressourcen über einen langen Zeitraum plant, muss der Regierungsvertreter das Eigentum *so schnell wie möglich* melken, weil er keine Eigentumssicherheit hat. [...] Kurz gesagt, die Regierungsvertreter besitzen zwar die Nutzung von Ressourcen, nicht aber ihren kapitalisierten Wert [...]. Wenn nur die aktuelle Nutzung, nicht aber die Ressource selber besessen werden kann, wird es *schnell* zu einer unwirtschaftlichen *Erschöpfung der Ressourcen* kommen, da es niemandem zum Vorteil gereicht, sie über einen bestimmten Zeitraum zu erhalten, und jedem Eigentümer zum Vorteil gereicht, sie so schnell wie möglich zu verbrauchen.« (*Power & Market*, S. 188f; dt. S. 1150. Meine Hervorhebung.)

 STEFAN BLANKERTZ

und die Kur in *verstärkter* Staatlichkeit erblicken, verteidigen ihre vermeintlich konservativen, liberalen oder gar »rechten« Gegner einen Zustand der Entwicklung, der seinerseits ebenfalls durch Staatshandeln hervorgebracht worden ist. Genau wie in der Zeit der Herrschaft der Stalinistischen Entwicklungspolitik beide Seiten der vermeintlich unterschiedlichen Lagern und Systemen angehörenden Kontrahenten der grundsätzlich *gleichen* Theorie angehörten, so verhält es sich auch im aktuellen Diskurs. Beide Seiten halten Staatlichkeit hoch, unterschiedlich sind Grad der Staatlichkeit und vor allem Inhalt dessen, was an staatlichem Handeln gefordert wird.

Die Schlacht um die Atomkraft ist weitgehend geschlagen, nun rücken andere Themen in den Vordergrund, besonders das Verkehrswesen. Und auch beim Verkehrswesen bestätigt sich die mit dem Thema der Atomkraft illustrierte Grundthese, dass es staatlich geprägte oder gar geschaffene Infrastrukturen sind, die den Stein des Anstoßes bilden, obzwar man erneut den Kapitalismus bezichtigt, für die Krankheit verantwortlich zu zeichnen.

Straßen- und Fluglärm, Luft-, Boden- und Wasserverschmutzung nerven gehörig, gefährden die Gesundheit, das ist gewiss. Wie jedoch entstanden die gegenwärtigen verkehrstechnischen Strukturen? Seit dem Römischen Reich galten Straßen als eminent wichtiges militärisches Gebiet. Wer, wenn nicht der Staat mit seinen Möglichkeiten, fast unbegrenzt Mittel aus der produktiven Bevölkerung herauszuziehen sowie Grund und Boden im öffentlichen Interesse den möglicherweise widerstrebenden Besitzern zu enteignen, vermag

solche Verkehrsnetze zu finanzieren und anzulegen? In
der Ära der Stalinistischen Entwicklungspolitik stellte
das eine der zentralen Begründungen dar, weshalb der
Staat im Bereich der Infrastruktur die Oberhoheit er-
langen und behalten müsse. Die andere der zentralen
Begründungen war die Unterstellung, nur die staatliche
Planung sei in der Lage, die Infrastruktur bedürfnis-
gerecht zu gestalten, wobei allerdings keine Einigkeit
herrschte, wie die Bedürfnisse zu definieren seien; die
Einen wollten der Wirtschaft dienen, die Anderen den
Armen oder denen, die in angeblich strukturschwachen
Gegenden leben. Als es Anfang der 1980er Jahre um die
Privatisierung der Telekommunikation geht,[1] macht die
Angst sich bei den Sozialdemokraten breit, die Kosten
für die Arme Oma auf dem Lande, die ihre Enkel an-
rufen wolle, würden explodieren, während die Großen
Firmen günstiger davon kämen. Über diese Angst kann
man heute bloß noch lachen, weil die Möglichkeiten der
Telekommunikation explodiert, unterdessen die Preise
implodiert sind.

Wenn wir den Stadtplan von Paris, mehr durch Ab-
solutismus, Jakobinismus und Bonapartismus geprägt
als durch die mittelalterlichen Ursprünge, mit dem von
Köln vergleichen, wo trotz der fast kompletten Zerstörung im Zweiten Weltkrieg noch viele Winkel aus
der Zeit der reichsfreien Stadt sich erhielten, sehen wir
den fundamentalen Unterschied zwischen einer staat-

---

1 Die Deutsche Telekom wurde 1995 gegründet; der Gründung voraus
gingen 15 Jahre Diskussion und fünf Jahre schrittweiser Postreformen. –
Die Quelle besagter German Angst sind Diskussionen mit meinen Eltern,
beides Sozialdemokraten, als ich seit Anfang der 1980er Jahre zaghaft für
Privatisierung eingetreten bin. (Anarchist-sein war in Ordnung, solange
der Antikapitalismus nicht in Zweifel stand.)

　　　　　STEFAN BLANKERTZ

lich zentralen Planung der Infrastruktur und ihrer organischen Entstehung aus dem Handeln der Subjekte heraus. Angesichts der aktuellen Kritik an wuchernden, jedoch höchst präzise geplanten Infrastrukturen erhält dieser Vergleich eine ganz neue Dimension.

Als nach der Erfindung der Eisenbahn die Verkehrsinfrastruktur im modernen Sinne begann, konnte es den Stalinistischen Entwicklungspolitikern gar nicht schnell genug gehen mit dem Ausbau des Schienennetzes und der Anbindung aller systemrelevanten Ortschaften. Neben Zurverfügungstellung vermittels Enteignung und Zwangsräumung der Grundstücke für die Gleisverlegung war es vor allem der Ausschluss einer Haftung für Schäden (zum Beispiel Inbrandsetzen von Feldern durch Funkenflug),[1] der den Weg ebnete. Über Geruch, Lärm und Schadstoffe sprach man gar nicht erst. Um die Netze auch dort ausbauen zu können, wo sie für private Eisenbahngesellschaften nicht profitabel waren, wurden diese zunehmend nationalisiert. Die Frage, warum es profitabel sei, wenn der Staat anderweitig unprofitable Strecken betreibt, wurde kaum gestellt. Selten wurde die Frage gestellt, wer denn für das so entstehende Defizit wirklich bezahle.[2]

Aber wie immer bei Nationalisierung: Die tatsächliche Wirkung bestand in einer Marginalisierung des Bahnverkehrs.[3] Der Straßenverkehr machte der Bahn zunehmend Konkurrenz. Merkwürdigerweise galt es

1 Vgl. Morton J. Horwitz, *The Transformation of American Law 1780-1860*, Cambridge, MS 1978, S. 69f, 137f. Ganz abgesehen von den großen Landschenkungen an die Eisenbahnen, vgl. *Power & Market*, S. 70 (dt. S. 1024).
2 Siehe zu dieser Frage Abschnitt 4 (S. 41ff).
3 »When France nationalized the important Western Railway system in 1908, freight was increasingly damaged, trains slowed down, and accidents

als völlig normal, dass man für eine Bahnfahrt oder für den Gütertransport mit der Bahn Gebühren berappen musste (selbst wenn die Bahn dann nationalisiert war), während die Nutzung der Straßen fast selbstverständlich kostenfrei erfolgte. Die Flugzeuge dann durften ebenfalls ohne Weiteres den Luftraum über den Eigentümern von Grund & Boden nutzen *sowie verschmutzen und beschallen.*[1] Dass derart der Bahn- gegenüber dem Straßen- und Flugverkehr verloren hatte, folgte zwar ökonomisch gesehen zwangsläufig, aber die »Meinung« der Öffentlichkeit, der Ökonomen und der Stadtplaner ebenso wie heutiger Bevormundermenschen geht dahin, das Überhandnehmen des Individualverkehrs wäre Ergebnis unverantwortlichen Handelns der Subjekte, die darob zu drangsalieren und reglementieren seien.

Während die Stalinistischen Entwicklungspolitiker wenigstens noch wussten, dass Infrastruktur *per* produktiver Arbeit erwirtschaftet werden muss, ist dieses Wissen bei den Bevormundermenschen abhanden gekommen. Da sie zwar die meisten Infrastrukturen als übertrieben ausgebaut sehen – durch die Hand profit-

grew at such a pace that an economist caustically observed that the French government had added railway accidents to its growing list of monopolies.« *Man, Economy, and State*, S. 932 (Anm. 65); dt. S. 858, Fn. 2. – Üblicherweise wird die Dominanz des Individual- über den Bahnverkehr als genuin kapitalistisch (im Sinne von *mixed economy*; denn über Kapitalismus im kritischen Sinne wird üblicherweise nicht gesprochen) charakterisiert. – Zum staatlichen Eisenbahnunglück vgl. Ayn Rand, *Atlas Shrugged* (1957). In deutsch: *Der Streik.*

1 Günstige Verschmutzungsrechte von Luft und Wasser hat der Staat auch vielen weiteren Wirtschaftszweigen eingeräumt, so beispielsweise den Stromerzeugern aus Kohle, Müll, Biomasse, Erdgas, der Schwer- und Chemieindustrie, im Prinzip der ganzen produzierenden Industrie sowie der Landwirtschaft. Vgl. Murray Rothbard, *For a New Liberty* (1973/78), New York 1978, Kap. 13; dt. Band 2, edition g. 103, Kap. 10.

 STEFAN BLANKERTZ

und selbstsüchtiger Kapitalisten –, gibt es einige andere Infrastrukturen, auf die sie ein (An-) Recht deklarieren.

Und ihrer neuen Entwicklungstheorie zufolge reicht es völlig aus, *qua* staatlicher Gewalt ein (An-) Recht auf »etwas« zu deklarieren, um es dann in ausreichender Menge vorzufinden, jedenfalls wenn man es den profit- und selbstsüchtigen Kapitalisten aus den Händen reißt. Eins von diesen (An-) Rechten ist das Wasser.

Natürlich ist nicht irgendwie Wasser gemeint, sondern das saubere Trinkwasser. Ausreichend sauberes Trinkwasser zur Verfügung zu haben, gehört sicherlich genauso zu den Grundvoraussetzungen eines gesunden und angenehmen Lebens wie saubere Luft atmen zu können. Sobald man sich jedoch um Wasserversorgung Gedanken machen muss, bedeutet es, dass Wasser nicht ohne Weiteres zur Verfügung steht; vielmehr muss es produziert werden: Wasserleitungen müssen gelegt und gewartet, Wasserdruck muss gewährleistet, Abwasser aufgefangen und aufbereitet werden. Hierzu ist *Arbeit* notwendig, werden Maschinen eingesetzt, Chemikalien benutzt. Wasser muss produziert werden. Jemand muss es machen. Jemand muss es organisieren. Muss? Muss, kann er gezwungen werden? Wer tut das? Unter welchen Umständen tut er das ohne Zwang aus freien Stücken, wie man so sagt?

Die Deklaration, Wasser sei ein Menschenrecht, trägt jedenfalls nicht einen Kubikmillimeter zur Produktion von sauberem Trinkwasser bei. Wenn die Leitungen nicht gelegt und gewartet, wenn die Wasserdrücke nicht gewährleistet, wenn Abwässer nicht aufgefangen und aufbereitet werden, wenn die Chemikalien nicht zur Hand sind, ist Essig mit sauberem Trinkwasser. Egal, was im

Gesetz steht; egal, ob es in der Verfassung eines Staats verankert ist; egal, ob die Menschenrechtscharta der Vereinten Nationen es verzeichnet. Bei der Industrie-, Chemie- und generellen Produktionsfeindlichkeit der Bevormundermenschen sieht es allerdings bezüglich der Herstellung von sauberem Trinkwasser nicht grade rosig aus, und je mehr Einfluss sie gewinnen, um so schwieriger wird die Wasserversorgung werden. Nun greifen sie zu dem letzten Pfeil in ihrem Köcher, der vergiftet ist wie alle Pfeile, die die Politik verschießt: Nachdem sie das Wasser zum Menschenrecht erklärt haben, rufen sie die unverantwortlichen, egoistischen Wasserverbraucher (das sind genau die, *für* die sie das Menschenrecht angeblich »erkämpft« haben) auf, ihren unverantwortlichen und egoistischen Wasserverbrauch einzuschränken[1] – schließlich soll *ja* für Jeden genug da sein. Das ist angeblich etwas grundlegend anderes, als wenn der Kapitalismus genug für Alle bereit hält, und zwar ganz ohne Aufruf zum Puritanismus. Dann nämlich handele es sich um Verschwendung und ökologisch bedenklichen Überfluss. Das ist die Rückkehr der von den Linken stets inkriminierten bourgeoisen Doppelmoral auf subtilerem Repressionsniveau.

Sowohl bezogen auf Wasser als auch auf Strom und Straßenverkehr gibt es eine besonders perfide Strategie der Bevormundermenschen, nämlich: auf der einen Seite die Preise politisch anzuheben, um dadurch den Verbrauch zu drosseln. Auf der anderen Seite werden

1 Rothbard at his very best: »Nur Regierungen dürfen selbstzufrieden Kürzungen bei ihren Dienstleistungen ankündigen, um Einsparungen zu erzielen. In der Privatwirtschaft lassen Einsparungen sich dagegen bloß infolge von Verbesserungen der Dienstleistungen realisieren.« *Man, Economy, and State*, S. 932 (Anm. 65); dt. S. 858, Fn. 2.

 STEFAN BLANKERTZ

dann jedoch Klagen erhoben, die staatlichen, teilstaatlichen oder von dem Staat kontrollierten Versorgungsunternehmen würden aus kapitalistischer Profitgier so hohe Preise nehmen, dass sie »(für die Armen) nicht mehr leistbar« seien. Darum müssen diese Armen Geld aus der Staatskasse erhalten, um sich Strom, Wasser, Auto- und Bahnfahrten sowie Flüge leisten zu können – also wird der Konsum wieder gesteigert. Am Ende ist nicht mehr transparent, wer was verbraucht und was wie viel kostet. *Steuerungschaos* herrscht (und dennoch wird immer wieder darauf rekurriert, Märkte seien intransparent chaotisch). Stadium: Ultrabevormundung.

Ǝ

Arm oder reich? — Genug der Beispiele. Die Infrastrukturen, die uns umgeben, sind nahezu vollständig aufgrund staatlichen, politischen Handelns entstanden, oftmals durch Mehrheiten in mehr oder weniger demokratischen Wahlen abgesegnet. Staatliches Handeln konsumiert ebenso wie privates Handeln Ressourcen – Arbeit und Boden –, heute fast durchgängig in Form von Geldmitteln ausgedrückt. Über die Wirkungen der Finanzierung des staatlichen Handelns gibt es zwar vielerlei ökonomische Literatur, aber wenig öffentliche Reflexion. Der Staat erhebt Steuern. Das mag dieser oder jener lästig finden, aber so ist das nun mal; und seit die Steuern progressiv gestaffelt werden, erscheinen sie den Meisten als gerecht, da die Reichen mehr zahlen als die Armen. Bei anderen Dienstleistungen passiert das zwar nicht so, der Reiche bezahlt eben nicht mehr für seine Brötchen als der Arme,[1] aber bei Steuern ist Pro-

1 *Man, Economy, and State,* S. 801f (dt. S. 832).

gression der selbstverständliche Standard der Moral.[1] Dass die heutigen Staatstätigkeiten und ganz speziell Kriegsvorbereitung und -führung mit Steuermitteln allein nicht mehr zu finanzieren sind, ist ein Buch mit Sieben Siegeln. Denn neben den Steuern finanziert der Staat sich durch Inflation[2] und Haushaltsdefizite – wobei man jeden privaten Haushalt, der ein permanentes und permanent steigendes Defizit aufweist, sofort für insolvent erklären würde. Auch dies schlucken Arme wie Reiche, Geschäftsleute wie Arbeitnehmer, als sei es selbstverständlich.

Bezeichnenderweise sind die Träger der Agitation gegen die Reichen meist selber Besserverdienende, die angesichts der Armen, in deren Namen die Agitation zu sprechen verspricht, zu »den Reichen« zählen (im internationalen Maßstab sowieso). Sie impliziert, dass die Armen *reich* werden würden, wenn man die Reichen *arm* macht. Doch das Brecht'sche Hebelgesetz – *wärst du nicht reich, wär' ich nicht arm* – trifft bloß für den vor-kapitalistischen Spätfeudalismus zu, wo man die Lehnsherrn, zu Großgrundbesitzern mutiert, enteignen musste, um die Bauern zu ermächtigen: Sie zu Eigentümern des Bodens zu machen, den sie beackern. Die

---

1 In den USA fand & findet man vereinzelt immer noch die umgekehrte Kritik, progressive Steuern wären besonders ungerecht. Rothbard wendet sich gegen diese konservative Kritik in zweierlei Hinsicht. Erstens sei für die Belastung der Gesellschaft das absolute Steuerniveau entscheidend und nicht etwa die Art der Erhebung der Steuern; zweitens würden die Armen nicht die Reichen über die progressive Steuer berauben, sondern der Staat beraube alle. (*Man, Economy, and State*, S. 805; dt. S. 836.) »The actual *act* of robbery is committed by the State, and not by the poor.« (*Power & Market*, S. 120; dt. S. 1078.) – Bei der Frage, wer die Nutznießer der Staatsgewalt sind, haben Konservative generell einen blinden Fleck.
2 Siehe unten S. 44-46.

STEFAN BLANKERTZ

Eliminierung erfolgreicher weißer Farmer in Simbabwe 2000 dagegen hat das Land arm gemacht. Bereits unter Stalin mündete das Kulakenlegen – die Exekution der erfolgreichen Bauern, die ein wenig mehr besaßen als ihre neidischen Nachbarn – 1932-33 in der Hungersnot, der genau diese neidischen Nachbarn zum Opfer fielen, nicht allerdings die Funktionäre der Partei, die die Entkulakisierung organisierten. Neid ist, anders als Ludwig von Mises meinte,[1] ein zwar ideologisches, aber doch nebensächliches Überbauphänomen, nicht Kern oder Ursache der anti-kapitalistischen Mentalität. Was auch immer Quelle der anti-kapitalistischen Mentalität sein mag, es verhält sich genau andersherum, als Brecht es formuliert hatte: Auf den freien Märkten ist das Einkommen eines Menschen die *Folge* davon, dass er den Mitmenschen einen Gewinn gebracht und eben keinen Verlust zugefügt hat.[2] Während die Starken (zu denen viele, wenn auch nicht alle Reichen zählen werden) wahrscheinlich in jedem polit-ökonomischen System zu prosperieren verstehen, sind es die Schwachen (zu denen dann viele, wenn auch nicht alle Armen zählen werden), die auf die gute Funktionsfähigkeit der freien Märkte angewiesen sind.[3]

1 *The Anti-Capitalistic Mentality* (1956). Auf den Fehlschluss, »Neid« als Ursache statt als Wirkung anti-kapitalistischer Mentalität zu bezeichnen, trifft Theodor W. Adornos in freilich ganz anderem Zusammenhang geäußerte Kritik an Erklärungen zu, die ein Problem dem Denken, nicht der »gesellschaftlichen Einrichtung« zuschustern; »dabei gerät die reale Gewalt [...] aus dem Blickfeld; gescholten wird unvermerkt das Denken«, das den bedauerten Zustand »bezeugt« (*Jargon der Eigentlichkeit* [1964], S. 120 und S. 59). Zu meiner Analyse der anti-kapitalistischen Mentalität vgl. *Politik macht Ohnmacht*, Berlin 2017 (edition g. 108), S. 51-93.
2 *Power & Market*, S. 261 (dt. S. 1224).
3 *Power & Market*, S. 227 (dt. S. 1190). Vgl. Fallstudie Wohnungsmarkt.

Trotz der herrschenden Emotionalisierung des Diskurses (der meist nur wenig Spielraum für Rationalität lässt, wobei einzig die verstünde, den Armen zu helfen) eine Antwort auf den empörten Ausruf, was sei denn mit all den Kindern der Entwicklungsländer, welche in »unserem« Wohlstandsmüll, dorthin gekarrt, weil das billiger ist, als ihn hier zu recyclen (warum?), wühlen, um Verwertbares zu finden? Die unter unwürdigsten Bedingungen schuften, um für uns üble Billigware zu fabrizieren? Vermögen die etwa sich nichts Besseres vorzustellen? Tun die etwa, was sie freiwillig am liebsten tun? Meine an Rothbard geschulte Antwort, ohne dass sie in dieser Form bei ihm zu finden ist: Jeder tut das, was für ihn unter den gegebenen Möglichkeiten als am besten erscheint. Es hilft den Armen nicht, beruhigt vielmehr nur die Nerven (und nicht das Gewissen) der westlichen Bevormundermenschen, ihnen ihre Tätigkeit zu verbieten oder alternativ – was auf das Gleiche hinausläuft – die Firmen, für die sie arbeiten, aus dem Markt zu kicken. Nach einer solchen regulativen Intervention sind es dann andere Firmen, meist stammen sie aus den Industrieländern selber, die den Markt übernehmen, und es sind andere Arbeiter, die sie einstellen. Was »WIR« gewonnen haben, ist, dass wir die Armut nun nicht mehr sehen.

Die besten Hilfen für die Armen wären mehr wirtschaftliche Chancen, am wirksamsten nicht mit staatscaritativen Maßnahmen geschaffene: Staatscaritative Maßnahmen halten sie in der Abhängigkeit von dem Wohlwollen und der Wirtschaftskraft der Geberländer. Wenn in ihnen entweder der »politische Wille« sich wandelt oder die Produktion einbricht (wie durch den

STEFAN BLANKERTZ

Lockdown, um ein Virus zu bekämpfen), stellt sie das vor das Nichts. Was also den Armen nachhaltig helfen würde, wäre eine freie Wirtschaft und eben keine Intervention, weder militärischer noch ökonomischer Art.

4

Wen belasten die Steuern? — Was den Punkt angeht, wer die Steuern letztlich zahle, herrscht ein spezieller Widerspruch vor. Auf der einen Seite scheint es klar zu sein, der zahle die Steuern, bei dem sie erhoben werden. Wenn der besser Verdienende mehr Steuern zahlt als der schlechter Verdienende, so wäre dies nur gerecht, denn starke Schultern vermögen mehr zu tragen als schwache. Eine andere Rechtfertigung für die Steuerprogression lautet, die Reichen würden ja mehr von der Gesellschaft profitieren als die Armen, oder gar, Reiche seien nur deshalb reich, weil sie die Armen schädigen, zum Beispiel durch Ausbeutung. Aber bereits der Hinweis, die Reichen würden mehr von der Gesellschaft profitieren als die Armen, wirft die Frage auf, was denn tatsächlich in der Steuerbilanz steht – jener Rechnung mithin, wieviel Steuern jemand dem Staat zahlt und wieviel Vorteile er unmittelbar oder indirekt aus der Kasse des Staats erhält. Bloß dann kann man wissen, wer *netto* wirklich Steuern *zahlt* und wer sie *konsumiert*. Oder wenn gesagt wird, die Reichen seien aufgrund der Ausbeutung der Armen reich, frage ich mich, warum man die Ausbeutung überhaupt tolerieren sollte? Warum erst nach erfolgter Ausbeutung das unsichere Hilfsmittel der Steuern zur schäbigen Entschädigung benutzen statt sie gar nicht erst zuzulassen? Die Antwort früher – *vor* der Kernschmelze des Staatssozialismus

1989 – hätte gelautet, ja, man müsse den Kapitalismus abschaffen. Derzeit gestehen sogar Staatssozialisten meist zu, ein Verbot von Märkten würde wirtschaftliche Probleme mit sich bringen, die auch und gerade die Armen treffen. Dann jedoch ist die Ausbeutungs-These falsch, denn die Armen würden von der Tätigkeit der Reichen profitieren.

Die Vorstellung, der zahle die Steuern, bei dem sie anfallen, gilt auch uneingeschränkt als einzig mögliche Auffassung bei der Frage, wer die Arbeitgeberanteile an den Sozialversicherungen begleiche. Das sind »natürlich« die Arbeitgeber. Sie zahlen sie angeblich aus ihrer eigenen Tasche, nicht freiwillig wohlgemerkt, sondern bloß, weil der Staat in seinem Streben nach sozialer Gerechtigkeit sie hierzu zwingt.

Einerseits scheint es nun so, als zahle die Steuern der, bei dem der Staat sie erhebt. Andererseits aber gilt in gleicher Weise als sicher, dass die Steuern überwälzt werden, und zwar nach »vorn«, auf die Konsumenten. Die Mehrwertsteuer bezahlt nicht der Verkäufer einer Ware oder Dienstleistung, bei dem sie erhoben wird, sondern der Kunde. Angeblich ist die Mehrwertsteuer auf den Preis *draufgeschlagen*. Dieser Widerspruch gehört aufgeklärt. Manche Steuern zahlen die, die sie an den Staat abführen, andere Steuern dagegen schlägt der Besteuerte auf die Endpreise drauf. Warum zieht der Arbeitgeber die Sozialabgaben nicht vom Lohn ab? Warum schlägt er sie nicht auf den Preis der Waren drauf? Warum kann ein Arbeiter oder ein Manager die Steuern, die er je zu zahlen hat, nicht auf den Lohn draufschlagen? Wenn man die Mehrwertsteuer an die Konsumenten überwälzen könnte, müsste das schließ-

　　　　STEFAN BLANKERTZ

lich mit *jeder* Steuer möglich sein und letztlich würden die Konsumenten alle Steuern zahlen, egal ob Sozialabgaben, Mehrwert-, Lohn-, Einkommens-, Quellen-, Luxussteuern usw.

Machen wir ein Gedankenexperiment und nehmen an, die Regierung würde die Mehrwertsteuer erhöhen; der Betrag ist einerlei. Jeder Verkäufer setzt den Preis seiner Waren neu fest, um keinen Verlust zu erleiden. Aber was können die Konsumenten tun? Die Steuererhöhung hat ihnen kein Zusatzeinkommen beschert. Also bekommen sie jetzt für ihr Geld weniger Waren, und Waren bleiben liegen. Die Konsumenten könnten zwar auch an ihre Spargroschen gehen, aber die wären schnell verzehrt und der Effekt würde verzögert auftreten.[1] Die Verkäufer müssen also wieder runter mit den Preisen. Dumm gelaufen. Sie haben die Steuern zu zahlen und zwar mit Einkommensverlusten. Die Einen werden nun pleitegeiern, die Anderen werden aus der Erfahrung schlau und bieten weniger Waren an, *indem sie weniger Arbeit kaufen.* Die erste Regel der Steuerüberwälzung laute, stellt Rothbard fest, dass sie sich nicht bewerkstelligen lasse.[2]

In der Zwischenzeit gibt der Staat die zusätzlichen Steuereinnahmen aus. Mit ihnen kauft er Güter oder Arbeitsleistungen, aber eben andere als die, welche die Konsumenten bisher gekauft haben. Es findet eine Verlagerung der Nachfrage statt. Im Endeffekt tritt genau dies ein, was wir vernünftigerweise erwarten können:

1 Entsparen oder Enthorten ist zudem Kapitalverzehr: Es stehen für die künftige Produktion weniger Investitionen zur Verfügung. Die Folge sind kletternde Preise und absteigender Wohlstand *für die Armen.*
2 *Man, Economy, and State,* S. 807 u. ö. (dt. S. 837ff). Dass das Gegenteil herrschende Meinung ist: ist die Meinung der Herrschenden.

Die Mehrausgaben des Staats, der nun Knarren anstatt Green-Sex-Spielzeug gekauft hat, müssen die Arbeiter sich vom Munde absparen. Es gibt aber auch Gewinner. Die Rüstungsunternehmen, ihre Manager, ihre Belegschaften, ihre Lieferanten. Die Hauptverlierer sind diejenigen, gegen die die Knarren eingesetzt werden.

Konsumverzicht, vom Munde absparen, das ist ausgesprochen unpopulär und der Staat kann das meist bloß in Blut-und-Tränen-Situationen, also in Kriegszeiten gut verkaufen – natürlich lassen auch Krisen sich als Äquivalent des Kriegs nutzen, sei es das Klima, sei es ein Virus. In unserem Test haben wir angenommen, dass die Konsumenten keine weiteren als die bisherigen Mittel zur Verfügung haben. Dann erhöhen wir doch die Mehrwertsteuer und drücken ihnen *zugleich* so viel neues Geld in die Hand, dass sie mit ihm die steigenden Preise bezahlen können.[1] Geniale Idee. Doch in dieser Weise läuft der Hase nicht, er schlägt einen Haken. Denn wenn die Konsumenten so viel kaufen wie zuvor, dann bleibt für den Staat ja nichts mehr übrig, was er kaufen könnte. Sobald er etwas mit seinen zusätzlichen Steuereinnahmen kauft, müssen die Preise steigen und zwar stärker als die Erhöhung der Mehrwertsteuer betragen hat; so sind wir mit etwas Verzögerung wieder bei der ursprünglichen Situation: Die Staatsausgaben werden mit einer Konsumreduktion erkauft. Nun aber

---

1 Rothbard exemplifiziert dieses Verfahren für eine vom Staat bzw. von einer durch ihn privilegierten Gewerkschaft erzwungenen Lohnerhöhung über dem Grenznutzen der in Frage stehenden Arbeit hinaus: »Selbstverständlich, sofern man Geldmenge und Kreditvolumen nach einem Lohnanstieg ausweitet, lassen die Preise sich anheben, sodass die Geldlöhne wieder mit ihrem diskontierten Grenznutzen zusammenstimmen.« *Man, Economy, and State*, S. 929 (Anm. 46); dt. S. 841, Fn. 3.

schreien die Politiker, die Bäcker würden die Situation ausnutzen und unlautere Preiserhöhungen bei den Brötchen vornehmen. Man müsse jetzt fix ihre Preise kontrollieren.

In dieser primitiven Form findet die Inflation allerdings nicht statt, denn der Staat zieht aus ihr keine Vorteile. Um genauer zu verstehen, wie die Inflation wirkt, brauchen wir erneut ein Gedankenexperiment. Wenn ich die Möglichkeit hätte, Geld zu drucken, dann würde ich mit diesem Falschgeld (dem keine produktive Leistung von mir gegenüberstehen würde) Waren einkaufen. Da die Produktion konstant geblieben ist, also nicht mehr Güter als vorher zur Verfügung stünden, hieße dies: Zwar kaufe ich die Waren zu ihrem gegenwärtigen Preis, jedoch für jene, die nach mir kaufen, müssen die Preise steigen, und zwar um so viel, dass die nach mir Kaufenden genau das nicht kaufen können, was ich vorher abgesahnt habe.

Geldfälscher einmal ausgenommen, haben in einem modernen entwickelten Staat einzig der Staat und die durch ihn kontrollieren, lizensierten und beauftragten Banken – vornehmlich die von ihm abhängige Zentral- oder Notenbank – das Recht, Geld zu drucken oder (*via* Kreditexpansion) zu »schöpfen«. Die Wege, auf denen dies geschieht, sind heute vielfältig und verschlungen, aber die Wirkung ist immer die gleiche: Der Staat oder die von ihm begünstigten Banken können sich zusätzlich am Markt bedienen; Späterkommende bestraft das Leben (*vulgo* der Staat): sie müssen Konsum- oder Investitionsverzicht hinnehmen.

Staat und Banken kaufen mit dem inflationierten Geld jedoch ganz spezielle Güter und damit sind wir zurück bei dem Thema Stalinistischer Entwicklungspolitik. Solche Güter, die der Staat und die die Geld emittierende Bank kaufen, sind Infrastruktur und produktive Güter höherer Fertigungstiefe, das heißt Güter, mit denen andere Güter produziert werden. Was Stalin durch brutalen Zwang erreichte, nämlich vorrangiges Investieren in Schwerindustrie und Infrastruktur, betrieben die westlichen Konkurrenten durch inflationäre Kreditausweitung.

Wenn wir nun alle Stränge unserer Betrachtung zusammennehmen, erkennen wir sofort, dass auf *freien* Märkten eine sehr viel langsamere Entwicklung stattgefunden hätte, eine *sanftere* Entwicklung, in der vor allem die gesundheitliche Belastung durch Luft-, Umwelt- und Wasserverschmutzung wenn nicht ganz vermieden, so doch erheblich abgemildert worden wäre. Die Infrastrukturen hätten sich im Einklang mit den Bedürfnissen der Bevölkerung entwickelt, nicht im Einklang mit den Bedürfnissen des kriegslüsternen Staats.

5

Exkurs zum Nationalsozialismus. — Das Ausbuchstabieren des Nationalsozialismus ist weithin verpönt. Sozialisten hören ungern über ihre Schwarzen Schafe in der rechten Verwandtschaft. Andererseits lieben es diejenigen, die den Begriff des Rechtssein rehabilitieren wollen, die Nationalsozialisten zu Linken zu stempeln. Aber werden sie hierfür vielleicht die Roten Khmer in ihre Reihen aufnehmen, da Pol Pot mehr noch als vom Kommunismus von der nationalistischen Erbfeindschaft gegen die Vietnamesen angetrieben wurde? Was aber die Frage der Stalinistischen Entwicklungspolitik betrifft, ist die Verwandtschaft der Nationalsozialisten eindeutig nicht die Linke, sondern die wohlanständige bürgerliche Mitte. Das Wirtschaftswunder, das den Beginn ihrer Herrschaft markiert, beruht auf den beiden bekannten Säulen steigender Nachfrage nach schwerindustriellen Rüstungsgütern und Senkung des Reallohns. Dabei folgen sie aber genau nicht dem pseudo-marxistischen Muster von Nationalisierung und reiner Planwirtschaft nach dem Vorbild Lenins und Stalins. Vielmehr installieren sie eine korporatistische Zusammenarbeit mit der Industrie, die diese vom Markt befreit und der staatlichen Weisung unterwirft, ohne die Besitzer formal zu enteignen.[1]

1936, als der nationalsozialistische Staat auf dem Höhepunkt seines wirtschaftlichen Erfolgs und internationalen Ansehens stand, verfasste John Maynard Keynes ein bemerkenswertes Vorwort zur deutschen Ausgabe seiner *General Theory*. In ihm findet sich der Satz: »Die Theorie der Produktion als Ganzes, die den Zweck des folgenden Buches bildet, [kann] viel leichter den Verhältnissen eines totalen Staates angepaßt werden als die Theorie der Erzeugung und Verteilung einer gegebenen, unter Bedingungen des freien Wettbewerbes und eines großen Maßes von *laissez-faire* erstellten Produktion.«[2] Später, als man Keynes zu einem Anti-Marx aufbaute, zu *dem* Propheten des freien, kapitalistischen

1 Die These vom Nationalsozialismus als »Sozialismus der Eigentümer« publizierte ich auf dem Hintergrund der Mises'schen Theorie des Interventionismus erstmals in dem Buch *Therapie der Gesellschaft* (1998), jetzt in: *Die Katastrophe der Befreiung: Faschismus und Demokratie*, Berlin 2015, S. 85-118. (Ursprünglich bereits Anfang der 1980er Jahre formuliert.)
2 John Maynard Keynes, *Allgemeine Theorie der Beschäftigung, des Zinses und des Geldes* (1936), Berlin 2009, S. XIII.

Westens – weder frei noch kapitalistisch – stilisierte,
wollte man in der vermeintlich anti-totalitären, sozial-
technokratischen politischen »Mitte« von diesem Vorwort und diesem Satz nichts mehr wissen.

Doch bestand ein Grund für die Keynesianer, bis in
die 1980er Jahre hinein die (gezügelte) Inflation zu be-
fürworten, aus der Illusion, die Gewerkschaften ließen
sich durch sie gleichsam hereinlegen: Mit der Inflation
wäre es möglich, stabile *nominale* Geldlöhne zu zahlen,
während in Wirklichkeit der *Reallohn* auf das Niveau
sinkt, zu dem Vollbeschäftigung möglich ist. So dumm
waren die Gewerkschaften allerdings nicht und sie sind
es auch nicht. Der nationalsozialistische Staat jedoch
vollbrachte mit einem Federstrich das Wunder. Mit Gewalt. Staatsgewalt.

ь

Gesundheitsterror. — Gesundheit und Bildung ge-
hörten zu den Infrastrukturen, auf deren Entwicklung
auch der nationalsozialistische Staat besonderen Wert
legte. Es dauerte dann allerdings fast noch ein halbes
Jahrhundert, bis der erste Durchbruch des puren Gesundheitsterrors gelang, nämlich mit der Nichtraucherbewegung. Es wird inzwischen immer deutlicher, dass
die Nichtraucherbewegung tatsächlich kein isoliertes
Phänomen darstellte, sondern den Beginn immer neuer
Wellen markierte, im Laufe derer die Bevormundermenschen irgendetwas, meist einen *Stoff*, einen Stoff
zum unmittelbaren Genuss, zur Produktion oder zum
Schutz, inzwischen jedoch gar menschlichen Kontakt
selbst, als speziell gesundheitsgefährdend identifizieren.
Eine solche Identifikation als »gesundheitsgefährdend«

 STEFAN BLANKERTZ

zieht zwangsläufig die Forderung nach sich, den be-
nannten Stoff oder das benannte Verhalten sofort und
flächendeckend zu verbieten. Die Gesundheit wird bei
den Bevormundermenschen ebenso zum alleinigen
Wert wie es das Wirtschaftswachstum[1] im schwerindustriellen Bereich für Stalinistische Entwicklungspolitiker war.

Auf der wirtschaftlichen Seite gelten nun Ausgaben
für das Gesundheitswesen als sakrosankt. Ein Auf-
schrei behauptet immer wieder, das Gesundheitswesen
werde »totgespart« durch die abgrundtief bösen Neo-
liberalen, die wagen, Effizienz und sparsamen Umgang
mit Ressourcen anzumahnen. Während Ressourcen-
einsparung ansonsten ganz oben auf der Agenda der
Bevormundermenschen steht, darf diese das Gesundheitswesen nicht betreffen. Dass das Gesundheitswesen
in allen Ländern der Erde unter staatlicher Aufsicht
steht oder fast gänzlich vom Staat organisiert wird,
wird schlechterdings geleugnet. Stattdessen gilt es, den
Kapitalismus zu besiegen, dem die Gesundheit der
Menschen egal sei. Wieder handelt der Kapitalismus
(und nicht der Staat, der handeln kann), als sei er ein
Subjekt, ein verworfenes, dem statt Gesundheit nur
sein Profit am Herzen liege. Die Behauptung der Bevormundermenschen müsste aber anders lauten: dass
den handelnden Wirtschaftssubjekten ihre eigene Gesundheit wohl ungenügend wert sei – »ungenügend«
gemessen nicht am Maßstab der Betroffenen, vielmehr
an dem der Bevormundermenschen.

Mit Bildung bekämpft man laut offizieller Doktrin

---

1 »Growth […] is demonstrably *not* the single absolute value for anyone.«
Man, Economy, and State, S. 834; dt. S. 868.

der Bevormundermenschen Fremdenfeindlichkeit und Armut[1] sowie mangelnde Einsicht in die Vorzüge von Gesundheit und EU, man fördert Umwelt- und Klimaschutz. Peinlich bloß, dass der nationalsozialistische Staat umfassende Einwirkung auf die kindliche Seele auch als zentrales Instrument für die Förderung der Volksgesundheit und des nationalen Wohlstands ansah. Andererseits vermochten es die von Stalinistischen Entwicklungspolitikern empfohlenen, mit vielen internationalen Geldern gepamperten Bildungsprogramme in den bevaterten Ländern nicht, die Armut zu senken; sondern dies gelang nur dort, wo den verpönten Marktkräften ausreichend Raum gewährt wurde, um die Produktion zu ermöglichen, wie etwa in Indien nach teilweiser Überwindung des Sozialdemokratismus gegen Ende des 20. Jahrhunderts. Noch der Bericht *Global 2000*, der 1980 für Furore sorgte, sagte Indien eine katastrophale, dem durch Entwicklungshilfe verwöhnten Afrika eine glorreiche Zukunft voraus. Es kam andersherum.[2] Aber auch, wenn den Marktkräften kein Raum gewährt wird, setzen sie sich durch. Zeit für einen Perspektivwechsel: *Umgehungstendenz.*

Ein Vorgeschmack: Für Bildung gilt wie für andere

1 Welche Rolle spielte Zwangsbeschulung in der Industrialisierung der USA? In einer Studie zur Industriestadt Lawrence kommt der Marxist Michael Katz zu folgendem Ergebnis: »The early history of Lawrence [...] suggests that education was not the driving force in industrial development. The labor power that built and manned the great mills and factories was not the loving hand of the artist-laborer but, for the most part, the untutored efforts of uneducated Irish immigrants and their children.« *The Irony of Early School Reform: Educational Innovation in Mid-Nineteenth Century Massachusetts*, Boston 1968, S. 93.
2 Denn, wie bereits zitiert (S. 26f): »Force and violence may ›distribute‹, but it cannot produce.« *Power & Market*, S. 222 (dt. S. 1184).

 STEFAN BLANKERTZ

Infrastrukturen auch, dass es durchaus eine freiwillige Nachfrage und ein selbstorganisiertes Angebot gab sowie weiterhin gibt. Unterhalb des Radars nationaler Erziehungsministerien und ebenso der internationalen Entwicklungsagenturen bilden sich gerade in den durch Armut gezeichneten Slums, ländlichen Gebieten und von Krieg beherrschten Regionen private Schulen, die die Armen selber bezahlen und mit denen arme Betreiber sich etwas Geld verdienen können, Schulen, die den Bedürfnissen der Kinder und ihrer Eltern besser dienen als die mit groß angelegten Programmen aufgezogenen Vorzeigeobjekte.[1] Dass solche Tendenzen zur Selbstorganisation in diesem wie in anderen Fällen sowohl von den Stalinistischen Entwicklungspolitikern – für die nur Großprojekte Bedeutung haben – als auch von den Bevormundermenschen – für die alles, was mit Profit zu tun hat, die Armen ausbeutet – schlichtweg »geleugnet« werden, ist für jede einzelne dieser Schulen ein großes Glück, denn sie werden darum in Ruhe gelassen; für die Theorie ist es bedauerlich, weil es das Leugnen der Möglichkeit, dass die Armen sich selber besser zu helfen wissen als ihre reichen Fürsprecher, um so leichter macht.[2]

1 Vgl. James Tooley, *The Beautiful Tree: A personal journey into how the world's poorest people are educating themselves*, Washington, DC 2009; ders. und David Longfield, *Education, War & Peace: The surprising success of private schools in war-torn countries*, London 2017. E.G. Wests *Education and the Industrial Revolution* (1975) ist der Klassiker. Vgl. auch Stefan Blankertz, *… mit Verziehungsauftrag: Werkbuch kritische Schulpolitik*, Berlin 2020 (edition g. 119).

2 Wenn Patriarchalismus auch mächtig in Verruf geraten ist, so ist sein jüngerer Bruder, der Paternalismus, das A und O der Bevormunder. Ob es um die Armen, die Konsumenten allgemein, die Kranken, die Kinder, die Mieter oder wen auch immer geht, sie *bedürfen* der Staatsgewalt.

Infrastruktur-Entwicklungshilfe: Das Beispiel Guinea Bissaus nach der Unabhängigkeit 1974. — »Die Agrargesellschaften leisteten [... Projekten der Entwicklungshilfe ...] denselben Widerstand, den sie schon den kolonialen Apparaten entgegengesetzt hatten.« (S. 125.)[1] »Die ausländischen Agenturen [...] übernahmen in der ersten Phase nach der Unabhängigkeit das fiktive Weltbild, nach dem es außerhalb der staatlichen Institutionen keine anderen Institutionen zu geben hatte.« (S. 126.) »Auf den Zwang, moderne Organisationsformen zu produzieren, um auf Kredit Warenlieferungen zu erhalten, reagierten die Gesellschaften mit der Produktion von modernen Organisationsformen, die ebenso fiktiv und ephemer waren wie die Hilfe.« (S. 128.) Welche Vorteile aus dem mit internationaler Entwicklungshilfe geförderten Straßenbau zogen die Agrargesellschaften? »Klar auf der Hand lagen die Vorteile für die Angehörigen der Zentralgesellschaft, die dadurch den Landhandel besser organisieren konnten und die auch schneller ihre Landgüter [...] erreichen konnten, die sie sich aufgrund von Manipulationen des Katasters aneigneten.« (S. 130.) »Die Produktion von Holzkohle für die Hauptstadt, die bei verbesserten Transportwegen durch Straßenbau und den zunehmenden Import von Fahrzeugen immer mehr ländliche Gegenden erreichte, richtete eine beachtliche Zerstörung der natürlichen Vegetationsschicht an.« (S. 139.)

---

1 Aus: Ulrich Schiefer, *Von allen guten Geistern verlassen? Guinea Bissau: Entwicklungspolitik und der Zusammenbruch afrikanischer Gesellschaften,* Hamburg 2001.

 STEFAN BLANKERTZ

UMGEHUNGSTENDENZ

Bei einer staatlich verfügten Preisobergrenze »wird der Markt nicht mehr ausgeglichen, denn die nachgefragte übersteigt die gelieferte Menge [...]. In der folgenden Verknappung trachten die Konsumenten, Güter zu kaufen, die nicht zu dem Preis verfügbar sind. Einige verzichten; andere beleben den Markt als ›schwarzen‹ oder illegalen wieder, während sie eine Prämie für das Bestrafungsrisiko zahlen müssen, dem die Verkäufer nun ausgesetzt sind. Das Hauptmerkmal eines Preismaximums ist die Schlange, das endlose ›Anstehen‹ für Güter, die nicht ausreichen, um die Menschen am Ende der Schlange zu versorgen. Alle Arten von Täuschungsmanövern werden von Menschen ersonnen, die verzweifelt versuchen, die Parität zu erreichen, die vom Markt zur Verfügung gestellt wird. Geschäfte ›unter der Theke‹, Bestechungsgelder, Günstlingswirtschaft für Stammkunden usw. sind die unvermeidlichen Merkmale einer vom Preismaximum hervorgerufenen Marktverzerrung.« — *Murray Rothbard, 1970.*[1]

---

[1] *Power & Market*, S. 25f (dt. S. 975f). Selbst jene, die die Maßnahme fordern, werden sich, ist sie installiert, so verhalten; siehe *Mietpreisbremse*.

Das epistemologische Programm. — Ludwig v. Mises postulierte, dass es in der *Praxeologie* – der Wissenschaft von den Gesetzmäßigkeiten des menschlichen Handelns – neben der von ihm vertretenen Ökonomik noch eine »Thymologie« (Gemütslehre) geben möge, sein reichlich verquaster Ersatzbegriff für Psychologie. Die Ökonomik des Ludwig von Mises hat Murray Rothbard nicht bloß ausgebaut, sondern sie überdies zum Instrument der historisch-politischen Analyse erweitert. An eine Thymologie hat auch er sich nicht herangetraut. Nach meinem Dafürhalten eignet sich Kurt Lewins *Gestaltpsychologie*, zu liefern, was in der Theorie des Handelns zu ergänzen wäre.[1] Um keine falschen Fronten entstehen zu lassen, der Hinweis, dass Ludwig von Mises Sigmund Freud und seine Psychoanalyse hochschätzte. Mit Lewin, gleich ihm im Exil der USA, hat er sich nicht auseinandergesetzt und Lewin nicht mit ihm. Wie Mises war Lewin ein Kantianer und ging davon aus, Gesetze seien nicht empirisch-historisch-statistisch zu ermitteln, müssten vielmehr erst intuitiv formuliert werden, dann aber ausnahmslos gelten.

Bereits die zwei Hauptsätze psychischer Dynamik, die Lewin präsentiert, könnten nicht näher an Mises liegen: 1. *Gegenwärtigkeit*, 2. (Ziel-) *Gerichtetheit* allen Verhaltens. Aus der Gegenwärtigkeit des Verhaltens folgt ökonomisch gesehen etwa die Zeitpräferenz: Ein

---

1 Zu meiner Lewin-Lektüre vgl. Stefan Blankertz, *Kurt Lewins Kritik der Ganzheit*, erweiterte zweite Auflage Berlin 2020 (edition g. 403).

gegenwärtiges ist mehr wert als ein zukünftiges Gut. So sehr mir ein zukünftiges Gut wie etwa Alterssicherung erstrebenswert zu sein scheint, solange ich gegenwärtig nicht genug zu essen, zu trinken und Luft zum Atmen habe, ist es nichts wert. Aus solcher Differenz zwischen gegenwärtigem und zukünftigem Wert erwächst der *natürliche* Zinssatz. Ihn zu kappen, bedeutet im wortwörtlichen Sinne, die Zukunft aufzuzehren. Kein gutes Omen für die Zeit nach der Nullzinspolitik der Gegenwart. Damit es nicht zu lebensbedrohlichen Engpässen kommt, muss viel an Staatsgewalt eingesetzt werden, es sei denn, die Märkte erhalten wieder Luft, um Atem zu schöpfen.

9

Kurt Lewin. — Im polit-ökonomischen Zusammenhang ist jedoch der andere Hauptsatz von Bedeutung, die *Gerichtetheit*. Anhand der Untersuchung von Lohn und Strafe als Instrumente erzieherischen Handelns[1] entwickelt Lewin eine Reihe von Gesetzen:

1. Wenn Strafe oder Lohn eingesetzt werden, muss es sich drum handeln, dass die eine Person (A) eine andere Person (B) zu einem Tun veranlassen will, das B gegen den Strich geht. Wenn B von sich aus in der von A gewünschten Weise handeln würde, bräuchte A offenbar nichts weiter zu unternehmen, um es zu veranlassen. Wenn A das Verhalten bei B nicht veranlassen wollte, würde A nicht tätig werden.[2]

1 Kurt Lewin, *Die psychologische Situation bei Lohn und Strafe* (1931), in der edition g. 408.
2 »Coercive intervention [...] signifies per se that the individual or individuals coerced would not have voluntarily done what they are now being forced to do by the intervener.« Rothbard, *Man, Economy, and State,*

   STEFAN BLANKERTZ

2. Das gewünschte Verhalten muss B als unattraktiv erscheinen. Würde es B als attraktiv erscheinen, so müsste A nicht tätig werden. A hingegen muss es als attraktiv erscheinen.

3. Um das gewünschte Verhalten zu veranlassen, muss die Strafe noch unattraktiver sein, sodass B, vor die »Wahl« gestellt, das Verhalten zu zeigen oder die Strafe zu erhalten, den Weg wählt, das Verhalten trotz der Unattraktivität zu zeigen. Das Verhalten wird relativ zur drohenden Strafe attraktiver.

4. Bzw.: Um das gewünschte Verhalten zu veranlassen, muss die Attraktivität der ausgesetzten Belohnung die Unattraktivität des Verhaltens aufwiegen.

5. Zusätzlich muss A solche Vorkehrungen treffen, dass B nicht der Bestrafung entgeht – oder die Belohnung kassiert –, ohne das von ihm gewünschte Verhalten zu zeigen. Diese Vorkehrungen sind in der Begrifflichkeit Lewins *Barrieren*.

Die folgenden möglichen Reaktionsformen auf ein mit Strafe etabliertes Gebot (etwas zu tun, was ich nicht tun will) oder Verbot (etwas nicht zu tun, was ich tun will) nennt Lewin,[1] in seinem Kontext auf kindliches Verhalten bezogen; ich nehme jeweils die Übersetzung in den polit-ökonomischen Bereich vor:

Als erstes gibt es selbstredend **Unterwerfung**, das »Ausführen des Gebots« bzw. Einhalten des Verbots. Dies ist sicherlich die häufigste Reaktionsform, wenn die Ver- oder Gebote mit hinreichenden Strafen be-

S. 768 (dt. S. 796). – Dass es recht sei, jemanden daran zu hindern, etwas zu tun, was er tun will, weil ein Außenstehender es als schädlich für jenen selber betrachtet, ist die Position der paternalistischen Bevormundung.
1 Die Formulierungen sind von Lewin (in *Die psychologische Situation …*), die Anordnung habe ich systematisiert.

wehrt sind. Allerdings gilt es zu realisieren, dass die Erledigung unter Strafandrohung nie die Qualität (Lewin sagt »das Anspruchsniveau«), die Ausdauer und das Engagement erreichen wird wie die selbstbestimmte Handlung. Die Handlung wird umgesetzt, jedoch so schnell und so oberflächlich wie bloß möglich; an der Handlung wird nur unterlassen, was unbedingt nötig ist, um der Strafe zu entgehen. Gerade wenn es um produktive Tätigkeiten sich handelt, hat diese Wirkung des Arbeitens unter Strafandrohung fatale Konsequenzen für die Produktivität und die Qualität sowie den sorgsamen Umgang mit Ressourcen und Maschinen.

Unter den Widerstandsformen steht die »**Aktion** gegen die Barriere« ganz oben auf der Liste. Man versucht, das direkte Hindernis aus dem Weg zu räumen, aber wendet sich noch nicht gegen den Verursacher, der das Ver- oder Gebot ausgesprochen hat. Im politischen Bereich sind es Aktionen gegen Sachen (Sabotage: eine Mauer wird eingerissen, eine Gerätschaft zerstört) oder gegen Personen, welche die Befehle des Verursachers ausführen (Schergen, Polizisten, Bürokraten: der den Verursachern der Befehle zur Verfügung stehende Erzwingungsstab);[1] Täuschung, Betrug und Bestechung sind weitere Mittel, um gegen Barrieren vorzugehen, soweit sie im Ermessen des Erzwingungsstabs liegen.

Dies führt dann fast zwangsläufig zu einem »**Kampf** mit dem Erwachsenen«, denn der Verursacher der Befehle kann sich eine solche Aktion kaum gefallen lassen, wenn er nicht auf die Durchsetzung seines Willens ver-

---

1 **Erzwingungsstab** ist ein Begriff, den ich von Christian Sigrist übernehme. Er definiert über die Existenz eines Erzwingungsstabs den Unterschied zwischen Autorität und Herrschaft.

zichten will; sofern er in einem einzigen Fall nachgibt, wird er künftig keinen Gehorsam mehr erzielen. Dieser Kampf kann intellektuell geführt werden, indem man zum Beispiel auf den Unsinn oder auf die ethische Bedenklichkeit des Ver- oder Gebots hinweist und mit dem Argument politische Unterstützung zu einer Veränderung organisiert.

Typische Aktionen gegen die Barriere stellen zudem **Migration** und **Flucht** (bei Kindern Weglaufen oder Ausreißen) dar. Wenn ein Staat einen derartigen Drain von Arbeits- oder Fachkräften zu verhindern sucht wie die Ex-DDR, wird solch eine Aktion gefährlicher. Aber auch sonst ist sie für Betroffene oft sowohl menschlich als auch wirtschaftlich schmerzlich.

Eine spezielle (gewaltlose) Widerstandsform macht die »**Annahme** der Strafe« aus. Lieber zahle ich Strafe, gehe ins Gefängnis oder riskiere gar meinen Tod, als mich zu unterwerfen. Das ist eine heroische Haltung, die den Verursacher der Befehle und seine Helfer einerseits vor das moralische Problem stellt, Gewalt gegen jemanden initiieren zu müssen, der selber keine Gewalt ausübt, andererseits macht gerade das sie besonders wütend. Diese Widerstandsform hat meist den kurzfristigen Effekt, dass die Repression erhöht wird, jedoch kann sie langfristig derart beeindruckend sein, dass die Basis für die Legitimierung der Staatsgewalt schwindet. Ziviler Ungehorsam. Gandhi-Effekt.

Weniger zielgerichtet als die geplanten und zweckrationalen Widerstandsformen, aber immer noch sichtbar sind »**Trotz**« und »**Affektausbruch**«, so etwa das Wutbürgertum, aber auch der Shitstorm und sogar der Lynchmob wären hier zu nennen, ebenso wie Randale und spontane Aufstände; solch ein Widerstand ist eher *blind*. Kaum noch sichtbar sind »**Sich-Abkapseln**« und »**Flucht in die Irrealität**«. Bei Erwachsenen spricht man von einer »inneren Emigration« (oder »inneren Kündigung«) oder von »Eskapismus«. Die aggressive Energie wird nicht nach außen, sondern nach innen gerichtet. Retroflektion bis hin zur Selbstverletzung. Alle jene Widerstandsformen, die nicht auf Veränderung der Situation abzielen, sondern auf eine Erleichterung, sie auszuhalten, haben, wenn sie gehäuft auftreten, eine verheerende Wirkung auf Produktivität, Arbeitsmoral, Innovationsfähigkeit und Opferbereitschaft. Das gesellschaftliche und ökonomische Klima wandelt sich, es kippt in Depression und Degeneration. Aber: »Es wäre jedoch voreilig, die These zu vertreten, dass beim natürlichen Interesse immer eine größere seelische Energie zur Verfügung steht. Denn eine genügend schwere Strafe oder eine vom Kinde ersehnte Belohnung bringt zweifellos unter Umständen sehr viel größere und nachhaltigere Kräfte ins Spiel, als das Interesse an der betreffenden Sache selbst.«[1] Der Unterschied liegt nicht in der Höhe oder Größe der Energie bzw. Kraft, sondern in ihrer Gerichtetheit: Unter Strafandrohung ist sie zwischen Aufgabenerfüllung, Widerstand, Umgehungstendenz und Rückzug zersplittert; die Zielrichtungen behindern und schwächen einander, sie bewirken wechselseitig Modifikationen, die mitunter problematisch sind.

Harte Strafen führen in der Folge zu einem scheinbar barrierelosen Gehorsam, d.h. nach einer Weile be-

1 Lewin, S. 15. Das, was man gern tut, gelingt oft »spielend«, scheinbar ohne Anstrengung. Aufs Ergebnis kommt es an, nicht auf die »Energie«.

STEFAN BLANKERTZ

Der Staatsratsvorsitzende, Erste Sekretär des Zentralkomitees der SED, Vorsitzende des Nationalen Verteidigungsrates, DDR, **Walter Ulbricht**, auf jener Pressekonferenz vom 15. Juni 1961, wo die legendären Sätze fielen: »Die Bauarbeiter unserer Hauptstadt beschäftigen sich hauptsächlich mit Wohnungsbau, und ihre Arbeitskraft wird dafür voll eingesetzt. Niemand hat die Absicht, eine Mauer zu errichten.« Offensichtlich war der Wohnungsbau doch so vordringlich nicht.

Nota bene: Die Wohnungsknappheit hatte mit zu den Aufständen vom 17. Juni 1953 beigetragen.

Der staatlich festgelegte sehr geringe Mietpreis hatte zur Folge, dass Hauseigentümer mit ihm keine Instandhaltung begleichen konnten, geschweige denn Modernisierung von Bausubstanz. Die Tendenz bestand also darin, die Häuser in Volks = Staatseigentum zu überführen; doch auch der Staat sah sich nicht in der Lage, die notwendigen Arbeiten aus den Mieten zu beauftragen. Der politische Wille lag aber auf Subventionierung von Neubau und die alte Bausubstanz verfiel zusehends. Dass auch der Neubau nicht so toll war, stellte sich nach der Wende raus. Bei Zuteilung von stets knappem Wohnraum regierte statt des Preises die politische Diskriminierung.

Während der Mauerbau bei den meisten, wenn auch nicht mehr bei allen »Vertretern der Öffentlichkeit« weiterhin als Schandfleck gilt, gehört doch der Kampf gegen Republikflucht des Kapitals zur ersten Politikerpflicht. DDR 2.0? Inzwischen wohl eher bereits 3.0.

Flüchtlinge aus Venezuela bieten in Bogotá Kunsthandwerk feil, gefertigt aus wertlosen venezuelanischen Geldscheinen.

Das immer wieder zu hörende Argument, Venezuela befände sich in der Krise aus dem Grund, da internationale Straf- und Boykottmaßnahmen, angeführt von den USA, die Wirtschaft belasten, ist schon deshalb kaum stichhaltig, weil der Staatssozialismus stets behauptet hat, der Kapitalismus hemme die Entfaltung der Produktivkräfte und die Planwirtschaft sei in der Lage, mehr und besser zu produzieren. Für Venezuela aber ist dieses Argument doppelt lächerlich, weil das Land über riesige Erdöl-reserven verfügt. Doch das ist durchaus zum Schaden der Bevölkerung: Wenn die herrschende Klasse sich über Bodenschätze reproduziert, ist sie um so weniger auf die Produktivität der Bevölkerung angewiesen; im Prinzip brauchen die Herrschenden in einem Staat, der reich an Boden-schätzen ist, gar kein Volk. Darum hat Venezuela auch anders als die DDR eben keine Mauer um das Land gebaut, welche den Flüchtlings-strom aufhält. Den Herrschenden ist es in diesem Fall natürlich lieber, dass potenzielle Oppositionelle das Land verlassen, als im Land Druck auf die Regierung auszuüben. Hier versagt die letzte Bremse auf die Un-verfrorenheit der Herrschenden, über die jedes Volk verfügt, nämlich die Verweigerung der produktiven Arbeit.

Diese letzte Bremse ist, allerdings, selbstmörderisch: Sie führt zu Ver-sorgungsengpässen und in der Folge, wenn die Regierung kein Einlenken zeigt, zur Hungersnot. Das alles liegt auf der Hand, dem Kopf aber fern.

　　　　STEFAN BLANKERTZ

darf es kaum noch der Ausführung, ja nichteinmal der nachdrücklichen Strafandrohung, um ein Ver- oder Gebot durchzusetzen. Eine barrierelose Situation liege vor, sagt Lewin, »wenn der Erwachsene, sei es durch besonders harte Strafen, sei es durch bestimmte Ideologien, das Kind so in die Hand bekommen hat, dass es ›nicht zu mucksen‹ wagt, sondern auch unangenehme Aufgaben anstandslos durchführt, weil es in jedem Punkte seines Lebensraums von den Wünschen des Erwachsenen tatsächlich innerlich beherrscht wird. Diese Abhängigkeit geht so weit, dass eine besondere Strafandrohung unnötig wird. In den extremen Fällen ist es kaum noch nötig, dass der Erwachsene seinen Willen auch nur ausspricht. Gerade die schwersten Fälle von Zwangssituationen [... können ...] diesen Charakter tragen. [...] Hier [spielt] das innere Beherrschtwerden des Kindes eine entscheidende Rolle, und [...] daher [ist] der durch den Erwachsenen ausgeübte Zwang häufig schwer zu erkennen. Tritt er doch nach außen hin um so weniger in Erscheinung, je stärker er ist.«[1] Der Terror, den der Staat ausübt, nimmt ab und es scheint so, als sei er harmloser, ja nahezu gewaltlos geworden. Aber sobald sein Monopol durch Widerstand herausgefordert wird, fährt er die Krallen wieder aus.

Diese Krallen sind nicht immer sichtbar, denn jeder, der die Herrschaft inne hat, behauptet, er liebe das von ihm beherrschte Volk inbrünstig... Es gebe Fälle, sagt Lewin, »in denen die vollkommene Durchdringung des Lebensraumes des Kindes und die Umwandlung der Gesamtsituation in eine Zwangssituation dadurch zu Stande kommt, dass der Erwachsene das Kind über-

[1] Lewin, S. 41f.

mäßig ›liebt‹ und behütet und auf diesem Wege das Kind in ein übermächtiges Kraftfeld setzt.«[1]

10

Märkte blühen in allen Nischen. — Die Stalinistische Entwicklungspolitik strebt dem Spektakel der Bevormundermenschen ebenbürtig an, dass die Menschen – *in ihrem eigenen Interesse* – gezwungen werden, nicht zu handeln, wie sie es wollen. Sie wollen jedoch so handeln, wie sie es wollen. Wenn es anders sich verhielte, *wollten* sie es nicht. Wäre Menschen es einerlei, wie sie handeln, wären sie allerdings keine Menschen, ihr Handeln wäre nicht gerichtet.[2] Erste Folge des politischen Versuchs, das Handeln der Menschen zu ändern, ist *Widerstand*. Gegen Widerstand wird die Staatsgewalt aktiv. Wenn der Widerstand gebrochen ist, hat das Regime sich etabliert und scheint nun schalten & walten zu können, wie es ihm beliebt. Das jedoch ist falsch. Denn neben Widerstand gibt es zwingend die Umgehungstendenz.[3] Alle Hindernisse, auf die jemand trifft, versucht er zu umgehen, indem er sie überwindet, beseitigt oder im wörtlichen Sinne um sie rum einen Bogen schlägt und somit dennoch zum Ziel gelangt.

Die für den Handelnden ungefährlichste Form der Umgehung von Verboten besteht darin, Freiräume und Schlupflöcher zu nutzen. Eine ethnische oder religiöse Minderheit, die sich einem auf Anpassung an die Mehrheitskultur gerichteten öffentlichen Schulwesen gegenüber sieht, kann Sonntags- und Feiertagsunterricht ein-

---

1 Lewin, S. 43. Politisch ist das zum Beispiel der Gesundheitsterror.
2 *Power & Market*, S. 213; dt. S. 1175.
3 *Power & Market*, S. 210; dt. S. 1172.

 STEFAN BLANKERTZ

setzen, um ihre Kinder in ihrer gewünschten eigenen Kultur kundig zu machen. Bei Steuern bestehen legale »Gestaltungsspielräume«. Je nach dem, wie man zum Inhalt der jeweiligen Umgehung und zu dem Inhalt des jeweils Umgangenen steht, wird diese Form als Lebenskunst gepriesen, mitleidig als rückschrittlich belächelt oder – ganz besonders, wenn es die Steuern betrifft – als bösartig verunglimpft (allerdings auch bei besonders abgelehnten Religionen). Gegenüber Freiräumen und Schlupflöchern strebt die Staatsgewalt danach, sie zu stopfen mit weiteren Barrieren, vor allem mit immer neuen Verboten und mit schärferer Überwachung.

Wenn es bei dem in Frage stehenden Staat um eine Demokratie sich handelt, eröffnet sich als zusätzliche Möglichkeit einer legalen Umgehung der langwierige, schwierige und extrem teure Weg über eine politische Oppositionspartei. Diesen Weg offen zu halten, schützt den Staat weitgehend vor revolutionären Bestrebungen, aber bedroht die zur Zeit herrschende politische Klasse mit ihrer möglichen Entmachtung. Die Bevormundermenschen, die ihrerseits gegen ihre konservativen Vorgänger auf demokratischem Weg siegten, mussten in etlichen Ländern die Macht an die sogenannten Rechtspopulisten abgeben, welche den Spieß einfach herumdrehen und die Staatsgewalt nun im eigenen Sinne einsetzen (und nicht etwa abbauen). In weiteren Ländern besteht die Möglichkeit solch eines Machtwechsels. Wer Demokratie für die Organisation der Staatsgewalt ernst nimmt, kann dagegen wenig einwenden.

Alle anderen Formen der Umgehung führen mehr oder weniger in die Illegalität. Hierbei sind es vor allem der Schwarzmarkt und die Schwarzarbeit, die Steuerhinterziehung sowie die Bestechung, welche eine Rolle spielen. Der Schwarzmarkt stellt die Güter (und zum Teil auch Dienstleistungen) zur Verfügung, die von der Staatsgewalt verboten worden sind. Mit der Schwarzarbeit verkauft jemand, der sich aus Sicht der Staatsgewalt illegal in ihrem Territorium aufhält, Arbeit oder diese zu einem Preis, der offiziell nicht akzeptiert wird. Die Steuerhinterziehung versteckt das geerntete Getreide vor der Beschlagnahmung durch den Feudalherrn. Die Bestechung umgeht herrschende Verbote,[1] indem man die Instanz, die sie überwacht, zeitweilig zum Wegschauen veranlasst. – Alle diese Formen der Umgehung haben einen schlechten Ruf in der Öffentlichkeit, und eigentlich niemand gibt zu, sich ihrer zu bedienen; dennoch sind sie allgegenwärtig, nicht bloß in rückständigen Entwicklungsländern oder in »failed states«, wie man heute sagt, vielmehr auch in den hochindustrialisierten Nationen.

Mit den Formen der Umgehung regenerieren sich die Marktkräfte und halten bei ansonsten kaum lebensfähigen Beschränkungen der Wirtschaftstätigkeit die Versorgung von Ländern und Regionen aufrecht. Dies ist die gute Nachricht. Doch gibt es ein Problem. Die Regeneration der Marktkräfte verändert diese auch. Die Umgehung erreicht zwar das Ziel; das Verhalten der Interaktions-, Handels- und Vertragspartner aber modifiziert sich auf dem Weg, ganz besonders wenn die Umgehung illegal ist. Die Illegalität setzt beide Seiten einem erhöhten Risiko aus, die Seite des Käufers und die des Verkäufers. Dieses Risiko muss bei allen Hand-

---

1 Rothbard lakonisch: »A ›bribe‹ is only payment of the market price by a buyer.« *Man, Economy, and State*, S. 925 (Anm. 20); dt. S. 808, Fn. 1.

 STEFAN BLANKERTZ

lungen mitbedacht werden. Die Verkäufer erheben eine Prämie für ihr Risiko. Aber nicht nur das, sie müssen Experten darin sein, das Risiko zu umgehen, nicht darin, das beste Produkt zum günstigsten Preis zu bieten. Die Illegalität des Kunden verhindert auch, dass ein Kunde, der betrogen wurde, legal gegen den Verkäufer vorzugehen vermag, sodass die Prohibition wie eine Art indirekter Monopolschutz für den Verkäufer wirkt.[1] Alles das ist unangenehm. Wirtschaftlich entscheidend ist eine weitere Wirkung der Illegalität. Die Illegalität erlaubt in bloß geringem Maße den Aufbau längerer Wertschöpfungsketten. Auf illegalen Märkten muss ein Gut sich schnell und verborgen produzieren, unentdeckt transportieren und an den Mann bringen lassen. Innovationen können derart kaum realisiert werden. Schwarzmärkte leben eher davon, bereits vorhandene Güter umzuschlagen, als zeitraubende Produktionsvorgänge zu finanzieren. Damit mag zwar ein gegenwärtiger Engpass ganz gut zu überbrücken sein, die dauerhafte Versorgung jedoch wird immer schwieriger, weil Kapital nicht aufgebaut, sondern verzehrt wird: Ein Volk von Händlern braucht als Hintergrund ein Volk, das produzieren darf.

In allen Nischen, die sich bieten, sprießen Märkte. Menschen wollen leben und genießen, sodass sich für Subsistenz und ebenso für gewisse Genuss- und Luxusgüter fast immer ein Weg findet, sie zu liefern und zu erwerben. Als zu Beginn der 1920er Jahre unter Lenins *Neuer ökonomischen Politik*, zu Beginn der 1960er Jahre unter Liu Shaoqis *Drei Freiheiten*[2] nach verheerenden

1 *Man, Economy, …*, S. 786f (dt. S. 815ff). *Power …*, S. 35 (dt. S. 985ff).
2 Die Bauern mussten ihre drei Freiheiten, privat Boden besitzen und die

Hungersnöten geringe Öffnungen für Nahrungsmittelmärkte vor Ort erlaubt wurden, gelang es in kurzer Zeit, die ausreichende Versorgung mit dem Nötigsten wieder herzustellen. Dies stabilisierte die Systeme. Die Menschen handeln bezogen auf Gegenwärtigkeit. Ungewisse Möglichkeiten einer künftigen Revolution sind weniger Wert als die kleine Freiheit im Hier und Jetzt. Auf diese Weise arbeiten die Märkte gegen und für die Staatsgewalt zugleich.

11

Warum der Westen über den Osten siegte. — Aus dieser Konstellation heraus erklärt sich auch, warum der Westen, obwohl weder frei noch kapitalistisch, dennoch das Systemwettrennen mit dem Osten, weniger frei und weniger kapitalistisch, gewinnen musste. Erinnern wir uns hieran: Das Versprechen der Staatssozialisten, der Stalinistischen Entwicklungspolitiker, bestand darin, *unter dem Regiment der rationalen Planwirtschaft werde der kapitalistischen Verschwendung entgegen gewirkt*, es werde die kapitalistische Bremse von der Produktion genommen. Der Matador der Neuen Linken, Herbert Marcuse, ein Verfechter individueller Freiheit, betonte noch 1964, im Bereich der Wirtschaft

Erzeugnis auf den freien Märkten verkaufen sowie kleinere Geschäfte abschließen zu dürfen, mit der Einhaltung von Quoten der Erzeugnisse »bezahlen«, die sie pro Haushalt an den Staat ablieferten. Das bedeutete die Wiederherstellung des Feudalismus, nicht des Kapitalismus. Drei Freiheiten [und] eine festgelegte Quote: 三自一包 (sānzì yībāo). Dies System erdachte Zhao Ziyang; Liu setzte es als Staatspräsident um, nachdem er Mao Zedong entmachtet hatte. Auf der Welle der Kulturrevolution surfte Mao 1966 an die Macht zurück, ließ Liu foltern und ermorden. Ein unwürdiges Ende für einen Mann, der Millionen von Menschen das Leben rettete. Vier Jahre nach Maos Tod unter Deng Xiaoping rehabilitiert.

 STEFAN BLANKERTZ

sei nur Planung mit zentralstaatlicher Gewalt rational.[1] Und 1972 wagte der marxistische Ökonom Ernest Mandel die tollkühne Voraussage, die UdSSR werde den Rüstungswettlauf gegen die USA zwangsläufig gewinnen, weil es in der UdSSR keinen Verwertungsdruck auf das Kapital gebe, sodass sie ihr Kapital ganz ungehindert und ungemindert der Aufrüstung widmen könne.[2] Mandel war Trotzkist, mithin gar kein großer Fan der UdSSR, und gleichwohl überzeugt, dass der Kapitalismus gegen den seiner Meinung nach »bürokratisch entarteten« Sozialismus[3] in der UdSSR unterliegen müsse.

Dass es ganz anders gekommen ist, stand allerdings damals schon fest. Denn die Planwirtschaft wird um so unwirtschaftlicher, je länger sie in einer geografischen Region herrscht. Sie kämpft beständig gegen die Umgehungstendenz der Handelnden, die etwas anderes wollen, als die Staatsgewalt für sie vorsieht. Sie muss immer neue Barrieren errichten, um die menschliche Tätigkeit so zu kanalisieren, wie sie es plant. Die Schwarzmärkte haben zudem die Tendenz, das Kapital aufzuzehren statt aufzubauen. Auf diese Weise nimmt die »Tiefe« der »Kapitalstruktur der Produktion« ab, obzwar die Staatsgewalt den Vorrang der Produktions-

1 H. Marcuse, *Der eindimensionale Mensch* (1964), Neuwied 1977, S. 262.
2 Ernest Mandel, *Der Spätkapitalismus*, Frankfurt/M. 1972, S. 205.
3 Die Rede vom »degenerierten oder entarteten Arbeiterstaat« schwang Trotzki 1940. Bereits Lenin (!) nannte die UdSSR 1921 einem »Arbeiterstaat mit bürokratischer Deformation«. Mandel 1982: »Ich ziehe es vor, für alle Staaten, in denen die Bürokratie ein Machtmonopol innehat, die einheitliche Bezeichnung *bürokratisierter Arbeiterstaat* oder *bürokratisch beherrschter Arbeiterstaat* zu verwenden.« (Manuel Kellner, *Kapitalismusanalyse, Bürokratiekritik und sozialistische Strategie bei Ernest Mandel*, Dissertation, Marburg 2005, S. 215.)

güter höherer Fertigungstiefe betont. Um nichtsdestotrotz die Funktionsfähigkeit der Produktionsgüter aufrecht zu erhalten, muss die Konsumtion immer weiter eingeschränkt werden. Das Handeln der Menschen ist jedoch auf die Erlangung von Konsumgütern gerichtet,[1] sodass es auf immer neuen Umwegen versucht, diese sich anzueignen. Die geringere Produktivität zahlt sich freilich auch nicht im Wertekanon der Bevormundermenschen aus, denn mit der Ressource der Umwelt wird wenig gegeizt. Sie allein scheint kostenlos und unbegrenzt zur Verfügung zu stehen. Umweltschäden, Raubbau an Bodenschätzen, Luftverschmutzung, Verfall der Bausubstanz und Alterung des Maschinenparks stehen am Ende des Prozesses und es gibt auch keinerlei Innovationen, die dem Regime einen Ausweg böten. Es implodiert und vermag anders als jeweils zu Beginn nicht einmal mehr mit militärischer Brutalität sich am Leben zu erhalten. Wie Lenin sagte: Die Revolution tritt ein, wenn die herrschende Klasse nicht mehr leben *kann*, wie sie lebt, und die unterdrückte Klasse nicht mehr leben *will*, wie sie lebt.[2] Unseren Bevormundermenschen wird dieses Schicksal nicht erspart bleiben, obzwar sie sich eventuell länger an der Macht zu halten vermögen als ihre roten Vorgänger.

Demgegenüber lautet die These der Bevormundermenschen, die Wirtschaft habe den Staat übernommen und ihm ihre Agenda aufgepfropft. Dass sie selber sich an der Macht in genau diesem Staat befinden, verleiht der These einen schizoiden Hauch. Jedes Handeln hat

1 »Produktion macht überhaupt keinen Sinn, außer als Mittel zur Konsumtion.« *Man, Economy, …*, S. 836 (dt. S. 870); *n. b.*, Muße ist Konsum.
2 V.I. Lenin 1915, in: *Werke*, Band 21, Berlin-Ost 1968, S. 206.

 STEFAN BLANKERTZ

einen ökonomischen Aspekt, denn jedes Handeln nutzt Ressourcen (selbst Muße konsumiert Kalorien). So ist es keine Zumutung, staatliches Handeln unter ökonomischen Gesichtspunkten anzuschauen, vielmehr es gibt gar keine Möglichkeit, über es nachzudenken, ohne dabei *auch* ökonomische Gesichtspunkte zu berühren.

12

Politik als ein Kampf der Interessengruppen. — Die Ökonomie eines *jeden* Staats unterliegt aufgrund seines Gewaltcharakters Besonderheiten. Der Staat erhält die Ressourcen nicht wie alle anderen gesellschaftlichen Organisationen in einem freien Austausch.[1] Vielmehr enteignet er die produktiv Tätigen (Einzelpersonen, Unternehmen usw.) und nutzt die so gewonnenen Ressourcen. Einerseits nutzt er sie zur Selbsterhaltung; in entwickelten Staaten geht ein Großteil der Ressourcen andererseits an ausgewählte Organisationen in der Gesellschaft (z. B. Unternehmen), die ihm das im Gegenzug mit Loyalität danken. Dem Staat eignet eine Marktmacht, mit welcher er nebst Soldaten, Polizisten, Politikern und Richtern (seinem *Erzwingungsstab*) auch Ärzte, Busfahrer, Energieversorger, Lehrer, Postboten, Priester, Richter, Sozialarbeiter, Theaterdirektoren, Wasserwerker, Wissenschaftler mit Geld politisch auf Kurs zu bringen versteht.[2] Diese so privilegierten gesellschaftlichen Organisationen stehen dem Staat zwar unisono loyal gegenüber, untereinander konkurrieren sie allerdings heftig um ihren Anteil an den Ressourcen.

1 *Power & Market*, S. 10 (dt. S. 959).
2 Die Okkupation sozialer Funktionen als Mittel der Konsolidierung der Staatsgewalt beschrieb ich im *Libertären Manifest* (2001, 2012, 2015).

Aus solchen gesellschaftlichen Organisationen werden Interessengruppen, die sich nicht mehr nur durch das Bestreben erhalten, den Handlungspartnern (zum Beispiel Kunden) das von diesen Gewünschte zu liefern, vielmehr darüber hinaus Zugang zu den sogenannten öffentlichen Mitteln haben und sich aufgrund derer ein Stück weit entfernen können von der Zustimmung der sie konstituierenden Personen. Das Gerangel der Interessengruppen ist das, was man landläufig als *Politik* bezeichnet.

Durch das Gerangel der Interessengruppen gerät die Politik an zwei heikle Punkte.

1. Zum einen übt die Enteignung der Produktiven eine (negative) Wirkung auf die Produktivität aus. Das Ausmaß an Enteignung lässt sich nicht unbegrenzt steigern, um *allen* Begehrlichkeiten jeder Interessengruppe nachkommen zu können.

2. Zum anderen ist das ökonomische Kalkül, *welchen* Begehrlichkeiten nachzukommen sei, mit schweren Verlusten an Legitimation dort verbunden, wo Begehrlichkeiten abgewiesen werden oder sogar eine Verringerung der Zuwendungen droht.

Dies ist die spezifische politische Ökonomie staatlicher Herrschaft. Während der Corona-Pandemie etwa war immer wieder die Rede davon, das Gesundheitswesen in dem einen oder anderen schwer betroffenen Land sei »totgespart« geworden. Da in keinem der Länder eine Reduzierung der Quote des Staats am Bruttosozialprodukt stattgefunden hat, bedeutet dies nur: Finanzmittel sind nicht in dem Maße ins Gesundheitswesen geflossen, wie es dessen Vertreter gern gesehen hätten, sondern kamen anderen Interessengruppen zugute. Da

STEFAN BLANKERTZ

die Gesundheitskosten in den letzten Jahrzehnten
überall drastisch gestiegen sind, heißt »totgespart«
nicht einmal, dass der Anteil des ökonomischen Wohl-
standes, der für das Gesundheitswesen aufgewendet
wurde, tatsächlich gesunken ist, sondern sich nur nicht
im gewünschten Maße steigern ließ.

Die Interessengruppen wie Vertreter der Kranken-
kassen oder der Ärzte, der Arbeitgeber oder der Gewerkschaften usw. erobern nicht den Staat und üben
ungebührlichen Einfluss auf ihn aus, sondern sie sind
ihrerseits Kreaturen des Staats. Die Klage über den ungebührlichen Einfluss bestimmter Interessengruppen
ist stets ein Teil des Machtkampfes zwischen den Interessengruppen: Es klagt eine Interessengruppe, die jeweils andere Interessengruppe habe zu viel Einfluss.

Die Entscheidung, welche der Interessengruppen
wie stark oder ob überhaupt staatlich finanziert und auf
sonst eine Weise gefördert werden sollen, macht die
Staatsgewalt an Zweckrationalität in Anbetracht des
eigenen Machterhalts fest. Hierbei besteht die Tendenz
ihres Vorgehens darin, ihren Geltungsbereich ständig
zuungunsten der gesellschaftlichen Selbstorganisation
zu verschieben. Bei dieser Verschiebung spielt es eine
überragende Rolle, dass die gesellschaftliche Selbstorganisation immer als ein partikulares, das staatliche
Handeln umgekehrt als Allgemeininteresse behauptet
wird. Die Notwendigkeit von kollektiv bindenden Ent-
scheidungen ist kein objektivierbares Kriterium, vielmehr Teil des politischen Machtkampfes um Zugang
zu staatlichen Finanzmitteln. Die *Behauptung* der Notwendigkeit ist Ideologie.

Das »Allgemeininteresse«, das der Staat gegenüber

den Interessengruppen hochhalten müsse, ist schließlich nichts als der Ausdruck des relativen Einflusses von Interessengruppen. Kein geringerer als Pierre Bourdieu hat dies, bevor er Ende der 1990er Jahre die kritischen Analysen vergaß und den Neoliberalismus zum Hauptfeind der Menschheit erklärte, genau beschrieben und vor dem »Staatsdenken« in der Soziologie gewarnt: Die *Kommission* (Expertenrat, Parlamentsausschuss usw.) habe die Aufgabe, ein »alchemistisches Wunder« zu vollbringen, indem sie aus partikularen Interessen Allgemeininteressen macht.[1] In staatlichen Kommissionen – und nachgelagert: durch Medien – wird jeweils das momentane Gleichgewicht der Macht zwischen den verschiedenen gesellschaftlich relevanten Interessengruppen als das Allgemeininteresse deklariert: Das, was vor dem Verfahren partikulare Interessen waren, ist nach ihm das Allgemeininteresse, dem keiner, der seine soziale Vernunft beieinander hat, widersprechen darf, ohne als ein Bösewicht dazustehen, der »soziale Kälte« ausstrahle. Hingegen scheint es keine »soziale Kälte« zu sein, wenn wegen des Allgemeinwohls die Menschen während der Corona-Pandemie in »systemrelevant« und »nicht-systemrelevant« unterteilt werden und man ihre Bedürfnisse (zum Beispiel nach Kinderbetreuung) dementsprechend als realisierbar oder nicht-realisierbar einstuft. *Dies* nenne ich eine von den Bevormundermenschen staatlich verordnete Ökonomisierung.

Die Corona-Pandemie hat vielen Staaten der Erde, einerlei ob demokratisch verfasst oder nicht, als Anlass gedient, eine ganz neue Form der Enteignung zu testen:

---

1 Pierre Bourdieu, *Über den Staat* (Vorlesungen, gehalten am Collège de France 1989-91), Frankfurt/M. 2017, S. 71.

Die Enteignung des persönlichen Risikomanagements
zusammen mit einer fast beispiellosen Missachtung
produktiver Zusammenhänge. Die Alternative der Zukunft lautet: Aneignung der Selbstbestimmung oder
Barbarei des Gesundheitsterrors.[1]

13

Das Problem mit der Gesetzestreue. — Eine spezielle
Form der Umgehungstendenz hat der finnische Arbeitsforscher Yrjö Engeström untersucht, ohne sie als
solche zu bezeichnen. Mit Engeströms Grundthese
kann man nicht nur Rechtspositivisten, vielmehr auch
so manch einen der Organisationsberater auf die Palme
bringen: »Alle Problemlösungen bedürfen eines Regelverstoßes.«

Die These von Engeström ist in einem strengen Sinn
praxeologisch, sie hat unbedingten Gesetzescharakter.
Wenn ein Problem, egal wo, egal welches, auftritt –
Lewin würde von einer *Barriere* sprechen –, dann muss
irgend eine der Regeln, sei es ein Gesetz, sei es eine Verordnung, sei es eine Anweisung, sei es eine implizite Erfahrungsregel, unzureichend sein. Sofern alle Routinen,
auch diejenigen, welche sich mit dem Auftreten unvorhergesehener Zwischenfälle befassen, hinreichende
Leitlinien für das Handeln geben, tritt kein Problem
auf, bzw. es lässt sich problemlos lösen. Nur wenn auf
irgend einer Ebene eine Regel nicht hilfreich oder gar
hinderlich ist, kann es überhaupt zu einem Problem
kommen. Es muss ein Regelverstoß erfolgen, um das
Problem überwinden zu können – dieser Regelverstoß

---

1 Die Zuspitzung aller Staatsgewalt auf »Gesundheit« liegt meinem ursprünglich 2006 konzipierten Roman *Penelope Heiler* (g. 207) zugrunde.

kann dann seinerseits wieder in eine neue explizite oder implizite Regel münden.

Gemeint sind hier, natürlich, rational zielführende, nicht willkürliche oder das Arbeitsziel für ein anderweitiges Ziel – etwa Bequemlichkeit – hintertreibende Regelverstöße.

Die im Zusammenhang mit einer Rekonstruktion von Rothbards Denken aufkommende Frage (die Engeström unzureichend behandelt)[1] laute: Unter welchen gesellschaftlichen Bedingungen sind Menschen bereit, die mit jedem Regelverstoß einhergehenden Risiken des Scheiterns und der Sanktion auf sich zu nehmen? Unter der Bedingung von bürokratischer Herrschaft wird ein Regelverstoß stärker geahndet, als die Zielerreichung belohnt. Ein Unternehmen, das nichts produziert oder dessen Produkte nicht den Vorstellungen der Konsumenten entsprechen, pleitegeiert. Der Anreiz auf jeder Ebene der Organisation geht dahin, die Produktion und die Qualität aufrecht zu erhalten. Eine Behörde hingegen ernährt auch im Leerlauf ihre Mannschaft, es wäre jedoch gefährlich, sich mit Lösungen zu zeigen, die von den Regeln abweichen.

---

1 Engeström behandelt die freilich ebenso wichtige Frage der »inneren Motivation« für die Bereitschaft zum rational-problemlösenden Regelverstoß: die Identifikation mit dem Arbeitsergebnis (dem Ziel). Wer ihn deshalb kurzum als Handlanger kapitalistischer Schinderei abgetan sehen will, sei darauf hingewiesen, dass er zur im weiteren Sinne marxistischen »kulturhistorischen Schule der Tätigkeitstheorie« zählt.

MIETPREISBREMSE
EINE FALLSTUDIE

»Die Werke von Ingenieuren, Architekten und Stadt-
planern nehmen unter den Dingen, die die Menschen
schaffen, den größten und stärksten Einfluss auf unsere
Erfahrung. Sie hinterliegen unserem Handeln.

In der Natur der von Menschen geschaffenen Umwelt [liegt es], dass sie dasteht und dableibt, wenn sie
einmal steht. Dümmliche und philisterhafte Planung
aus der Vergangenheit ist die Ursache vieler unserer
gegenwärtiger Probleme. [...] Darum werden Hilfs-
programme entworfen – eine neue U-Bahn, eine neue
Autobahn, die Sanierung eines Slums – und bald stellt
sich heraus, dass die Übel nicht nur wiederholt, sondern gar verschlimmert wurden. [...] Ingenieure und
Architekten arbeiten heldenhaft an einer Mehrung der
öffentlichen Güter, wenn doch in Wahrheit mensch-
liches Maß gefordert wäre.

›Sozialer Wohnungsbau‹ ist die *reductio ad absurdum*
isolierter Planung. Es hat Fälle gegeben, in denen
Wohnungen für Arbeiter neuer Fabriken geplant
wurden, ohne dass Vorkehrungen zum Bau von Läden,
in denen Lebensmittel eingekauft werden konnten, ge-
troffen worden wären.« — *Paul Goodman, 1947/1960.*[1]

---

1 Mit Percival Goodman, *Communitas: Lebensformen und Lebensmöglich-
keiten menschlicher Gemeinschaften* (1947/1960), Einleitung Hartmut von
Hentig, Geleitwort Ivan Illich, Köln 1994, S. 1 | S. 272 | S. 63. Als ein mög-
liches Beispiel siehe unten Pruitt-Igoe in St. Louis, Missouri (S. 95). –
Von diesem Buch ausgehend habe ich die Infrastruktur-These aufgestellt,
die ich hier entfalte, obwohl mir dann die Rothbard-Mises-Ökonomik als
Instrument der Analyse dient; siehe *Bibliografischer Abriss.*

14

Interventionismus. — Mit »Interventionismus« bezeichnet Ludwig von Mises die Praxis und die Theorie des Eingreifens der Staatsgewalt, um ein missliebiges Ergebnis des freiwilligen wirtschaftlichen Handelns zu korrigieren. Damit stellt der Interventionismus eine Form der sog. »gemischten Wirtschaft« (gemischt aus Markt und Staat) und noch keine voll ausgeprägte reine Staatshandelsgesellschaft dar. Das Ingangsetzen einer Interventionsspirale ist die generelle Verlaufsform des Interventionismus. »Der isolierte preispolitische Eingriff in das Getriebe der Marktwirtschaft verfehlt den Zweck, den seine Urheber durch ihn erreichen wollen; er ist – im Sinne seiner Urheber – nicht nur zwecklos, sondern zweckwidrig, weil er das ›Übel‹, das durch ihn bekämpft werden soll, noch steigert. Ehe die Preistaxe erlassen wurde, war die Ware – nach der Meinung der Obrigkeit – zu teuer; nun verschwindet sie vom Markte. Das aber hat die Obrigkeit, die die Ware dem Verbraucher billiger zugänglich machen wollte, nicht beabsichtigt. Im Gegenteil, von ihrem Standpunkt muss der Mangel, die Unmöglichkeit, die Ware zu beschaffen, als das größere Übel erscheinen; sie wollte doch die Versorgung des Verbrauchers verbessern, nicht verschlechtern. Man kann somit von dem isolierten preispolitischen Eingriff sagen, dass er zweckwidrig ist, und von einem System der Wirtschaftspolitik, das mit solchen Eingriffen arbeiten will, dass es widerspruchsvoll und unsinnig ist. Will die Obrigkeit die Dinge nicht dadurch wieder ins Geleise bringen, dass sie [... die Preistaxen doch aufgibt], muss sie dem ersten Schritt weitere folgen lassen. Zum Befehl, keinen höheren Preis als den vorgeschriebenen zu fordern, müssen weitere Befehle hinzugefügt werden: der Befehl, die vorhandenen Vorräte zu verkaufen, und Weisungen, an wen und in welchen Mengen verkauft werden darf; Preistaxen für die komplementären Güter, Lohntarife und Arbeitszwang für die Arbeiter, Zinstaxen, schließlich Produktionszwang und Weisungen über die Wahl der Anlagemöglichkeiten für die Eigentümer der Produktionsmittel, für die Kapitalisten. Diese Vorschriften dürfen nicht auf einen oder einige wenige Produktionszweige beschränkt bleiben, sie müssen alle Zweige der Produktion umfassen. Sie müssen die Preise aller Güter und jeglichen Arbeitslohn, das Handeln aller Unternehmer, Kapitalisten, Grundbesitzer und Arbeiter regeln. Damit aber wird die Leitung der ganzen Produktion und Verteilung an die Obrigkeit übertragen. Aus der Marktwirtschaft ist [staats-] sozialistische Gemeinwirtschaft geworden.«[1] Interventionsspirale: Misserfolge mit *mehr vom Gleichen* heilen wollen.

15

Mahnmale. — Zur Einstimmung in das Thema von Mietendeckel und Wohnungsmarkt zwei verblüffende Statements von eher der »linken« Seite zugerechneten Ökonomen.

---

1 Ludwig von Mises, *Nationalökonomie* (1940), München 1980, S. 673f. Das Zugeständnis »das aber hat die Obrigkeit, die die Ware dem Verbraucher billiger zugänglich machen wollte, *nicht beabsichtigt*« wäre allerdings ideologiekritisch zu hinterfragen.

 STEFAN BLANKERTZ

Gunnar Myrdal: »Mietpreisbindungen stellen in gewissen westlichen Ländern die vielleicht übelsten Beispiele für armselige Planungen durch Regierungen dar, denen es an Mut und Vision fehlt.«[1]

Assar Lindbeck: »Mietkontrolle [scheint] in vielen Fällen – neben der Bombardierung – die effizienteste Technik zur Zerstörung der Städte zu sein, die bisher bekannt ist, wie die Wohnsituation in New York zeigt.«[2]

16

Die Gründe. — Wohnraum zu mieten, sei Menschenrecht, so argumentieren die Bevormundermenschen seit langem und zur Zeit verstärkt wieder. Deswegen müsse das Zurverfügungstellen von Wohnraum aus der Sphäre des Marktes herausgenommen werden, der auf der Basis des Profits agiere. Mit Grundbedürfnissen dürfe eben kein Profit gemacht werden. Dies allgemeine Prinzip würde allerdings auch bedeuten, dass etwa die Produktion von Nahrungsmitteln der gleichen Logik folgend nicht »dem Markt« überlassen bleiben dürfte.

Gegen steigende Mieten, die als für eine bestimmte Gruppe von Mietern bzw. Mietwilligen als »nicht leistbar« angesehen werden, wird von dieser Seite immer wieder und so erneut auch gegenwärtig vorgeschlagen, Mieten unter das Marktniveau zu drosseln. Der Kennzeichnung *nicht leistbar* kann übrigens kein objektives Kriterium zugrunde liegen, da das, was bei einem gegebenen Haushaltseinkommen als für die Miete zu er-

---

1 Gunnar Myrdal, *Opening Address to the Council of International Building Research in Copenhagen*, in: Dagens Nyheter, 25. 8. 1965, S. 12.
2 Assar Lindbeck, *Politische Ökonomie der Neuen Linken: Betrachtungen eines Außenseiters* (1971), Göttingen 1973, S. 38.

übrigen leistbar erscheint, von anderweitigen Ausgaben abhängt, welche teils ihrerseits nicht unflexibel sind.

Die gewünschte Fixierung der Mieten unter Marktniveau geschieht entweder durch Preisregulierung (wie Mietpreisbindung, Mietpreisbremse bzw. Mietpreisstopp), Subventionen (»Sozialer Wohnungsbau«) oder durch Übernahme von Mietwohnungen in Staatshand: Enteignung; in allen drei Fällen legt die staatliche Verwaltung politisch die Miethöhe statt des ökonomischen Preises fest, die unter dem vermuteten Marktniveau liegt. Das Marktniveau ist »vermutet«, sobald der Staat die Mieten reguliert oder Vermietungen komplett in eigene Hand nimmt; denn dann gibt es keine Möglichkeit mehr, überhaupt zu wissen, was das Marktniveau der Mieten auf den freien Märkten wäre, da definitionsgemäß keine freien Märkte existieren.

Ein ökonomisches Gut – mithin ein Produkt von Arbeitsleistung – zum Menschenrecht zu erklären, bedeutet, wie beim Thema *Wasser* gezeigt,[1] jedoch leider nicht, dass es augenblicklich in ausreichender Menge für die Deckung der Nachfrage zur Verfügung steht. Es ist nicht nur sinnvoll, im Interesse der Betroffenen vielmehr absolut notwendig, danach zu fragen, ob die vorgeschlagenen Maßnahmen wirklich das Ziel erreichen, das sie versprechen: nämlich genügend Wohnungen zu einer »leistbaren« Miete *anbieten* zu können.

Rothbard: »Der typische Grund der Regierung für selektive Preiskontrollen – ›man muss diesem lebensnotwendigen Produkt Kontrollen auferlegen, solange es knapp ist‹ – erweist sich als eine fast lächerliche Fehlkalkulation. Denn die Wahrheit ist das Gegenteil: Die

---

1 Siehe oben S. 35 ff.

Preiskontrolle schafft einen künstlichen Mangel an dem Produkt, der dann *so lange andauert,* wie die Kontrolle existiert – und dieser Mangel wird in der Tat ständig immer schlimmer, da die Ressourcen Zeit haben, sich auf andere Produkte zu verlagern. Wenn die Regierung sich wirklich Sorgen über das zu knappe Angebot an bestimmten Produkten machen würde, würde sie alles daran setzen, ihnen *keine* Preiskontrollen mit Obergrenzen aufzuerlegen.«[1]

Doch warum sind die Mieten so (bzw. »zu«) hoch? Die erste Antwort der Befürworter von Interventionen in den Immobilienmarkt verweist auf die *Profitgier* der Eigentümer des Wohnraums. Der gierigste aller Hausbesitzer könnte seinen »Wucherpreis« auf dem Markt aber nicht durchsetzen, stünde ihm keine Nachfrage gegenüber. Damit er auf dem Markt durchsetzbar ist, muss die Nachfrage also das Angebot übersteigen.

Als zweites wird auf *Leerstände* verwiesen, die dem Angebot entzogen seien und damit die Mieten in die Höhe treiben. Leerstände haben allerdings Gründe; zu ihnen zählt, dass bestimmte Räume eben nicht ohne Weiteres als Wohnungen geeignet sind, oder dass ihr Standard nicht den Wünschen der Nachfrager entspricht, zu ihnen zählt, dass es irgendwelchen Ärger mit Behörden gibt, zu ihnen zählt, dass Sanierungen erst dann möglich sind, wenn kein Altmieter mehr im Haus wohnt. Hier kontert die Kritik der Regulierer und Enteigner sofort, dass Sanierungen schließlich im Dienst der Erzielung höherer Mieteinnahmen und damit auch größerer Profite ständen: Weswegen müsse überhaupt saniert werden? Demgegenüber werden nicht-sanierte

[1] *Man, Economy, and State,* S. 779f (dt. S. 809).

Wohnungen sogar für diejenigen als unzumutbar eingestuft, die Transfergelder beziehen. So lautet die Antwort: Kaum einer wohnt gern in einer Bruchbude. Und wer es gerne täte, der findet sicherlich auch recht leicht entsprechende billige Angebote. Aber selbst wenn es Reserven an Wohnraum in Form von Leerständen gibt: Nach Vermietung dieser Leerstände würde sich wohl am Mietspiegel kaum etwas ändern. Die Menge an zur Verfügung stehenden und zur Miete geeigneten Leerständen ist in der Fantasie der Regulierer und der Enteigner immens, in der Realität meist minimal, denn mit Leerständen macht niemand Profit. Somit beißt das Argument der Leerstände sich mit jenem einer unterstellten Profitgier.

Neben dem Hinweis auf Leerstände wird angeführt, dass Mieter Wohnungen halten, die sie gar nicht bewohnen, etwa als *Zweitwohnung*, auch wenn sie sich nur gelegentlich in der betreffenden Stadt aufhalten. Es gibt Städte, die mit der Besteuerung gegen das Mieten von Zweitwohnungen vorgehen; eine effektive und dauerhafte Entlastung der Wohnmärkte fand daraufhin nirgendwo statt. Vor allem aber beweist das Halten einer nur zeitweise genutzten Zweitwohnung, dass die Miete zu gering ist, als dass sie einen Anreiz gäbe, statt eine Zweitwohnung das ganze Jahr über zu bezahlen, sich bloß für die jeweils tatsächlichen Aufenthalte in der fraglichen Stadt eine vorübergehende Bleibe zu suchen. Übrigens kann auch eine bestimmte Form der Mietpreisbremse das Halten einer Zweitwohnung sogar begünstigen: Wenn bei bestehenden Mietverhältnissen keine oder nur geringe Mieterhöhungen erlaubt sind, wohl aber bei der Neuvermietung, bedeutet das Halten einer günstigen Wohnung, diesen Vorteil nutzen zu können, während er bei Kündigung und späterer Neusuche einer Wohnung verloren geht.

Schließlich ist das Thema der *Zweckentfremdung* anzusprechen. Zweckentfremdung ist in sich selber ein Begriff der Bevormundung, da er impliziert, es gäbe einen durch Staatsgewalt festzulegenden Zweck einer Sache, in diesem Fall einer Immobilie. Besonders in den Fokus der Kritik gekommen ist die Vermietung von Zimmern zum Ferienaufenthalt, sei's über Plattformen wie Airbnb, sei's auf eigene Faust. Derart machen die Kritiker, oft der Linken zuzurechnen,[1] sich zum Handlanger der etablierten Hotelbesitzer gegen eine selbstorganisierte Form der Ökonomie, in welcher die einen Menschen sich durch Nutzung etwa von ehemaligen Kinderzimmern etwas hinzuverdienen und die anderen Menschen günstig einen Besuch einer teuren Großstadt erhalten. Bei beiden, den Nutzern wie den Vermietern, handelt es sich meist um weniger Verdienende, die angewiesen sind auf die Nebeneinnahmen bzw. geringen Übernachtungskosten.

Ob sich unter diesen über die entsprechenden Plattformen zeitweilig vermieteten Zimmern oder Couchen in nennenswertem Umfang für die Dauervermietung geeigneter Wohnraum befindet, ist äußerst fraglich. Das Verbot privater Ferienvermietung macht übrigens einen Überwachungsapparat nötig und begünstigt Denunziantentum. Es führt dann auch dazu, dass es für Personen mit regelmäßigem Aufenthalt in der in Frage stehenden Stadt einen zusätzlichen Anreiz gibt, statt

---

1 Wohlgemerkt, Mietpreisstopp gehörte ebenfalls zu den Aktionen des nationalsozialistischen Staats.

sich vorübergehend eine Unterkunft zu suchen, ganzjährig eine Zweitwohnung zu mieten. Natürlich ließe auch die sich besteuern oder verbieten; das wiederum hieße verschärfte Überwachung. Das Bevormunderkarussell dreht sich, es dreht sich immer schneller.

Bei dem Thema Zweckentfremdung darf die gefürchtete *gewerbliche Nutzung* nicht fehlen. Sobald mit der gewerblichen Nutzung mehr Profit zu erzielen ist wie mit der Vermietung als Wohnraum, mag das u.a. Folge von Mietpreisdrosselung (neben der Problematik des Mieterschutzes) sein. Darüber hinaus: Wenn es kein Gewerbe gäbe, wo sollen die Bewohner arbeiten? Wovon leben (falls nicht von Transfergeldern)? Wo finden sie Ärzte, Frisöre, Rechtsanwälte, Therapeuten? Wo kaufen sie, was sie brauchen oder was ihr Leben verschönert? Die Feindseligkeiten der Bevormundermenschen gegens Gewerbe treiben üble Blüten.

17

Nebenbemerkung zu den »Bedarfsgemeinschaften«. — Die an sich verständliche, nachvollziehbare Regel, dass im Falle eines Paares, bei dem einer der Partner Transfergeld bezieht, zunächst der verdienende Partner für den Unterhalt zuständig sei (der Bezieher von Transfergeld also seinen Anspruch verliert oder sich sein Anspruch verringert), lädt dazu ein, dass Paare zwei Wohnungen mieten und nicht zusammen ziehen, da Bedarfsgemeinschaft praktischerweise am Führen eines gemeinsamen Haushalts festgemacht wird. Dies mündet in die absurde Situation, dass gerade besonders günstige Wohnungen vermietet bleiben, obwohl das Paar ständig in einer der Wohnungen lebt (und bloß bei

Prüfung des Vorliegens einer Bedarfsgemeinschaft die Existenz zweier Haushalte vortäuscht). Eine Änderung der Regelung könnte möglicherweise den Wohnungsmarkt für günstige Wohnungen entspannen, würde allerdings an anderen Stellen neue Probleme schaffen. Beispielsweise könnte dann in jeder Paarkonstellation, in der nur einer der Partner Geld verdient, der jeweils andere Transferzahlungen einfordern. Dies ist mithin noch ein trauriges Beispiel für die Existenz der »Interventionsspirale«. Zumindest aber würde solch eine Aufhebung des Anreizes, zur Vermeidung der amtlichen Entdeckung einer »Bedarfsgemeinschaft« eine doppelte Haushaltsführung vorzutäuschen, *anfänglich* den Abbau und keine Erweiterung der Überwachungen und der Kontrollen bedeuten.

18

Nebenbemerkung zu der Konzentration auf urbane Zentren und Hauptstädte. — Solche Ballungsräume sind neben dem Faktor, dass technische und kulturelle Fortschritte vermutlich sowieso ein gehöriges Übergewicht der Städte mit sich bringen, auch dem Thema geschuldet, das im vorliegenden Essay zentral ist: die Bündelung von Leistungen und Infrastrukturen, die die Staatsgewalt meist in ihrem unmittelbaren Dunstkreis, also der Hauptstadt, vornimmt. Ohne diesen Umstand werden (Haupt-) Städte sicherlich trotzdem wachsen bzw. groß bleiben, doch die Massierung würde sehr viel moderater ausfallen und die Landflucht nicht mehr so stark sein. Auch hier zeigt sich, inwieweit die Staatsgewalt der Gestalter der uns umgebenden Infrastruktur ist: Infrastrukturelle Staatsgewalt.

19

Gedrosselte Marktkräfte. — Es gibt *einen einzigen wirklichen Grund für steigende Mieten, nämlich den, dass nicht genügend geeigneter bzw. gewünschter Wohnraum vorhanden ist, um die Nachfrage zu decken.*

Die Nachfrage kann steigen, weil mehr Menschen in eine bestimmte (urbane) Region ziehen, was wiederum auf Landflucht oder auf Migration zurückgeht; sie kann ebenfalls steigen, weil Familien nicht mehr so eng aufeinander hocken wollen oder der gewünschte Wohnstandard steigt (und damit minderwertiger Wohnraum leer stehen bleibt).

Zu den Behinderungen des Neubaus oder den Behinderungen von Sanierung des Wohnraums, der nicht mehr der Nachfrage entspricht, zählen etwa Steuern sowie Abgaben, die Bebauungsplanung und staatliche Auflagen. All diese Maßnahmen und Effekte bedürfen einer gesonderten Untersuchung. Neben den direkten nicht die indirekten Steuern vergessen, sowie die Inflation hinzuzählen (da Inflation die Erstbesitzer der Geldmengenausweitung, Banken und Staat, gegenüber allen übrigen an der Wirtschaft Beteiligten bevorzugt und ihnen gegenleistungsloses Einkommen beschert).

Die seit langem niedrigen Zinsen sollten – laut des herrschenden Keynesianismus – eigentlich insgesamt die Investitionstätigkeit steigern. Weshalb tritt dieser Effekt generell und auch bei Neubau nicht ein? Die Inflation (d. h. die per Staatsgewalt herbeigeführte Geldmengenausweitung), mit der die niedrigen Zinsen geldpolitisch erzeugt werden, lenkt die Geldströme aus der Investition in einen staatsseitigen Konsum über (zum diesem Konsum zählen wohlgemerkt auch Rüstungs-

---

güter und all die Gebäude, die der Staat baut, in denen aber niemand wohnen kann, wie die Finanzämter, die kafkaesken Verwaltungsgebäude der Umverteilungsbürokratie, der »Arbeitsverwaltung« usw.).

Nebenbemerkung zum Argument, es würden nur Luxuswohnungen für die Reichen neu gebaut: Wenn die Reichen in neu erbaute Luxuswohnungen ziehen, räumen sie jeweils andere Wohnungen. Diese stehen dann frei. Da die Reichen nun ihre neuen Wohnungen haben, kommen sie als Nachfrager für ihre bisherigen Wohnungen nicht mehr in Betracht, sodass deren Preis dann notwendigerweise fallen muss und sie mithin für weniger Begüterte »leistbar« werden: Die Preise *fallen*, der Wohnstandard *steigt*. –

Wie bei jeder Fixierung eines Preises unter dem Marktniveau verschwinden hingegen bei gewaltsamer Mietpreissenkung Angebote. Das sinkende Angebot führt notgedrungen zu einer Steigerung der Mieten. Falls diese Steigerung verboten ist, nehmen Korruption und Diskriminierung unweigerlich zu. Das Sinken des Angebots vollzieht sich in verschiedenen Formen:

1. Private Vermieter nehmen Angebote vom Markt, da Aufwand in keiner Relation zum Ertrag mehr steht. Eine Gegenmaßnahme müsste eine Kontrolle und ein Zwang zur Vermietung sein; dennoch dürfte es selbst bei scharfer Überwachung oft kaum möglich sein festzustellen, ob etwa ein ehemaliges Kinderzimmer des nun erwachsenen Nachwuchses weiter benutzt wird oder nicht. Zusätzliche Folge: Bloß große Wohnbaugesellschaften vermieten (das ist staatlich forcierte Monopolisierung); diese Tendenz verstärkt sich auch durch die Komplexität und die

Problematik des Mietrechts bzw. des angeblichen Mieterschutzes, ebenso wie durch die Konkurrenz von Seiten des Sozialen Wohnungsbaus.

2. Mieter ziehen nicht aus, wenn der Mietpreis nur bei Neuvermietung steigen darf. Sie nehmen nun lieber längere Wege zur Arbeit in Kauf. Hier ist eine Kontrolle kaum sinnvoll möglich. Oder der Mieter hält den Mietvertrag *pro forma* aufrecht und überlässt die Wohnung unter der Hand einem Anderen (dabei teilen sie sich die Differenz zwischen der möglichen Steigerung bei Neuvermietung in Relation zur alten Miete). Um diese Entwicklung zu verhindern, bedürfte es wiederum ausgeklügelter Kontrollen und Überwachungen, ebenso wie das Denunziantentum stark beflügelt werden würde. Langsam aber sicher bewegen wir uns nun auf den Polizeistaat zu.

3. Keine Instandhaltung. Wohnungen verkommen, bis sie ruiniert sind und keiner mehr in ihnen wohnen will. Je länger die Drosselung der erlaubten Miete unter das Marktniveau anhält, um so fataler wirkt sich genau dieser Effekt aus. In Lissabon und Porto verfügte der faschistische portugiesische Diktator Salazar 1947 ein Einfrieren des Mietpreises, das mehr als vier Jahrzehnte in Kraft blieb. Der Zustand der Bausubstanz in diesen beiden Innenstädten entwickelte sich derart katastrophal, dass in den 1990er Jahren etliche Häuser einstürzten.

4. Neue Wohnungen werden nicht gebaut. Oder nur noch mit massiven Subventionen – oft in schlechter Qualität oder in anderer Hinsicht nicht an die Bedürfnisse der Mieter angepasst (denn ökonomisch gesehen ist der Subventionsgeber der Kunde).

 STEFAN BLANKERTZ

20

Die große Illusion. — Die große Illusion besagt aber, dass die gut verdienende Maria, die jetzt bei der Suche den geringer verdienenden Xavier mit ihrer höheren Zahlungsfähigkeit die schöne Wohnung in begehrter Lage vor der Nase wegschnappt, nach der Drosselung den »unfairen Vorteil« verliert und Xavier »die gleiche Chance« erhalte, nein, dass es sogar sicher sei, Xavier werde eine dieser günstigen Wohnungen ergattern. Die Realität sieht leider ganz anders aus. Auch nach der Mietpreisdrosselung kriegt Maria die Wohnung. Doch selbst wenn Xavier die Wohnung kriegte, wäre es Maria gegenüber »gerecht«, dass sie auf der Straße landet?

Nebenbemerkung zu Transferleistungen (wie zum Beispiel »Wohngeld« oder »Bedingungsloses Grundeinkommen«): An der großen Illusion würde auch der umgekehrte Weg nicht viel ändern, wenn die Mieten zwar frei blieben, die Geringverdiener jedoch in irgendeiner Weise Transfergeld beziehen, um sich die hohen Mieten »leisten« zu können. Solange der Umfang des zur Verfügung stehenden Wohnraums nicht zunimmt, würde das bloß zu einem Anstieg der Mieten führen. Die einzige nachhaltige Lösung bestünde darin, die institutionellen Hemmungen des Wohnungsbaus aufzuheben. Da die Mietpreisdrosselung aber eine dieser Hemmungen darstellt, hätten unmittelbare Transferzahlungen tatsächlich die für den Wohnungssektor weniger fatalen Konsequenzen.

Die Auswirkung der Transferzahlungen, dass sie die Mieten in die Höhe treiben, ist für die untere Mittelschicht, die teils in direkter Konkurrenz zur Unterschicht um Wohnraum steht, besonders unangenehm,

---

wenn sie sich in der ökonomischen Position befindet, dass sie keinen Anspruch auf Transferleistungen hat. Beim BGE wäre diese Auswirkung zwar versteckt, an dem Faktum selber ändert sich nichts. Die Personen, bei denen das Arbeitseinkommen in der Steuerbilanz so gerade eben die Region oberhalb des BGE-Niveaus erreicht, hätten dann das Nachsehen. –

Die Folgen von Mietpreisbremse, Mietpreisbindung oder Mietpreisstopp sind manchen Kritikern zu hoher Mieten auf den privaten Wohnungsmärkten durchaus geläufig, und deshalb plädieren sie für eine Enteignung der großen Wohnbaugesellschaften (hierunter befinden sich ironischerweise auch Genossenschaften). Einige der genannten Folgen ließen sich damit tatsächlich vermeiden; so würde eine staatliche Wohnungsverwaltung gehalten sein, möglichst alle Einheiten zu vermieten und keine leer stehen zu lassen. Andere Folgen jedoch würden sich verstärken, laut theoretischer Vorhersage nicht weniger als laut Erfahrungen, sobald die Staatsgewalt Wohnraumbewirtschaftung ganz in die eigene Hand übernimmt. Zu diesen Folgen gehört die erst schleichende, dann galoppierende Verschlechterung des Wohnraums sowie der Bau von Wohnungen, die nicht bedarfsgerecht sind. Weil der Sinn des staatlichen Wohnbaus geradezu hierin bestände, die Mieten unter Marktniveau zu fixieren, ist eine permanent überhöhte Nachfrage zu erwarten, die eine Zuteilungspolitik notwendig macht (falls der Preis nicht entscheiden darf). Dies wird unweigerlich zu einer Quelle von Korruption und Diskriminierung.

Und genau das bestätigt die Erfahrung aus der planwirtschaftlichen DDR-Wohnbaulandschaft: Politische

Zuteilung, die krasseste Form einer Diskriminierung. Wohnen ist zwar billig, aber nach West-Standard war die Hinterlassenschaft aus der DDR-Zeit 1989 selbst für Sozialhilfeempfänger unzumutbar. Instandhaltung historischer Bausubstanz: Fehlanzeige.

Nebenbemerkung zum erkenntnistheoretischen Stellenwert der Empirie. Ob nun DDR, Portugal oder eins der weiteren zahlreichen Beispiele für das Versagen von Mietpreisdrosselung oder vollständiger staatlicher Bewirtschaftung des Wohnraums angeführt werden, der Einwand lautet, die jeweils aktuell vorgeschlagene Maßnahme sei anders und jedenfalls in der Lage, die Fehler der historischen Fälle zu vermeiden. Dieser Einwand hat dann und nur dann Beweiskraft, wenn der, der ihn vorbringt, bezeichnen kann, durch *was* die von ihm vorgeschlagene Maßnahme die Fehler vermeidet, inwiefern sie *strukturell* (und nicht nur in verwaltungstechnischen Details) anders wirkt. Ich selber bringe die Beispiele als Illustration und nicht als Beweise an sich vor. Der Beweis ist die ökonomische Theorie, nicht die historische Empirie.

21

Warum Diskriminierung zunimmt. — Maßnahmen zur Fixierung des Mietpreises unter dem Marktniveau haben vor allem einen Effekt, sie drosseln nämlich den *Preis auf Diskriminierung*, d.h. Diskriminierung nimmt zu. Diskriminierung hat auf den Märkten einen Preis und darum wirken Märkte anti-diskriminierend: Wer auf freien Märkten diskriminieren will, muss in Kauf nehmen, dass er zahlungswillige und zahlungskräftige Personen ablehnt aufgrund des Kriteriums, nach dem er diskriminiert (sei dieses Kriterium nun Haut- oder Haarfarbe, das Geschlecht, die sexuelle oder politische Orientierung, Religionszugehörigkeit, Herkunft usw.).[1] Sobald für das in Frage stehende Gut, das jemand verkaufen möchte, die Nachfrage größer als das Angebot ist, der Preis jedoch nicht entsprechend steigen darf, gerät der Verkäufer in die vorteilhafte Position, unter all den Anwärtern sich Einen herauspicken zu können[2] – und dies wird er gemäß seinen Vorurteilen tun; denn welches Kriterium könnte er sonst anwenden, wenn Zahlungswilligkeit und Zahlungskräftigkeit ausfallen? Familien (besonders kinderreiche Familien), Menschen in prekären Situationen oder mit einem nicht ganz so gradlinigen Lebenslauf werden es auf regulierten oder staatlichen Wohnungsmärkten immer schwer haben ebenso wie Ausländer, Flüchtlinge und Migranten (zu diesem Effekt trägt auch der Mieterschutz bei). Maria wird nicht nur Xavier, sondern insbesondere auch Ali bei der Wohnungssuche ausstechen. Denn sie verfügt über das notwendige »kulturelle Kapital«, dessen Bedeutung nicht unterschätzt werden sollte.

Den Protest gegen Mietpreise und die Agitation für Preisbindung oder gar Enteignung führen nicht ohne Grund Aktivisten aus der Mittelschicht an, denn diese wird von den Maßnahmen der Staatsgewalt profitieren:

1 Auch auf privater Ebene hat Diskriminierung einen *Preis*. Der Rassist schließt *per Definition* einen großen Kreis möglicher Partner oder Freunde aus. Doch wir sehen, wie der Antisemit sich in eine Jüdin, die weiße oder schwarze Rassistin in einen schwarzen respektive weißen Mann verliebt. Sogar wenn dies nicht geschieht, schadet der Rassist, der borniert bleibt, sich bloß selber. Ganz anders, wenn die Staatsgewalt eingreift – in Teilen der USA waren gemischte Ehen bis über die Hälfte des 20. Jahrhunderts hinaus verboten und das schadete beiden Seiten.

2 … ja, zu müssen; es sei denn, er ließe den Zufall entscheiden.

 STEFAN BLANKERTZ

Sprengung von Teilen der Wohnblocks **Pruitt-Igoe** in St. Louis, Missouri, 1972. Die Anlage entstand 1951-1955 als »sozialer« Wohnungsbau im Rahmen des Programms Urban Renewal gegen den Willen einer Volksabstimmung vor Ort, durchgesetzt von Bund und Ländern. Das Programm galt als eines der »fortschrittlichsten« der Welt. In den End-1950er Jahren begann die Anlage herunterzukommen, immer mehr Wohnungen wurden unbewohnbar, unter anderem weil die Kommunalverwaltung die Instandhaltung nicht zu finanzieren vermochte. Ein Hauch von DDR in den USA.

»Lasst die Subventionsmethode also allgemein werden, und jeder wird sich beeilen, die Kontrolle über die Regierung erlangen zu wollen. Man wird die Produktion mehr und mehr vernachlässigen, da die Menschen ihre Energien auf die politischen Kämpfe, auf das Gerangel um Beute umleiten. [...] Diejenigen, die auf dem freien Markt, im Wirtschaftsleben, erfolgreich sind, werden diejenigen sein, die am geschicktesten produzieren und ihren Mitmenschen dienen; diejenigen, die im politischen Kampf erfolgreich sind, werden diejenigen sein, die am geschicktesten Zwang anwenden und Gefälligkeiten von den Mächtigen erlangen.« *Power ...*, S. 170 (dt. S. 1131).

Die Lösung hieße: Macht Politik unwichtig. Dann würde es auch mit dem Wohnen klappen; und nicht nur damit. Die Resozialisierung des durch den Verfeindungszwang der Politik verwilderten Lebens allerdings bliebe eine schwere Aufgabe.

Trabant der Nullserie verlassen das Werk Zwickau im Januar 1958. Als der Trabant entwickelt wurde, entsprach er durchaus den technischen Möglichkeiten der Zeit und war ein moderner Kompaktwagen; jedoch schon in den 1960er Jahren, als die Massenproduktion begann, waren Abgasbelastung und hoher Treibstoffverbrauch nicht mehr zeitgemäß. Für die Weiterentwicklung fehlten Innovationsfähigkeit und -bereitschaft, Material sowie politischer Wille. Die Lücke zum westlichen Automobilbau wurde immer größer. Sein Preis war zwar moderat, aber es gab jahrelange Wartezeiten. Sowohl der zeitliche Ablauf (größer werdende Lücke, fehlender Fortschritt gerade hinsichtlich der Sicherheit und der Umweltschonung) als auch permanente Knappheit sind für Güter mit höherer Produktionstiefe typische Anzeichen der Staatshandelswirtschaft, egal ob es sich um Autos oder Wohnungen handelt.

Die Geschwindigkeit des Niedergangs hängt daran, wie unnachgiebig die Herrschenden an der Planwirtschaft festhalten. Oder: Wie lange die Bevölkerung bereit ist, still zu halten. Die Hoffnung auf ein baldiges Ende der Duldsamkeit dürfte freilich nicht zu groß ausfallen …

Der »Preis der Diskriminierung« sinkt, d.h. diejenigen mit großem »kulturellen Kapital«[1] – oder nicht-soziologisch ausgedrückt: mit viel »Vitamin B« – erhalten dann leichter billigen Wohnraum. Für Arme wird es mühseliger und mühseliger, teurer und teurer. Denken wir an das Beispiel von Maria in der Konkurrenz mit Xavier und Ali um Wohnraum: Wenn es zutrifft, dass Maria den Zuschlag kriegt, egal ob auf den freien oder auf den regulierten Märkten, so ist sie es und sie allein, die von Mietpreisdrosselung profitiert. Ihre Agitation, um diesen Vorteil durch Staatsgewalt zu erlangen, wird sie mit ihrem sozialen Engagement begründen. Pierre Bourdieu nannte dies ein »alchemistisches Kunststück«, mit dem Partikularinteressen in das Allgemeininteresse verwandelt werden.[2]

Je tiefer und länger die politisch festgelegten Mieten unter dem – vermuteten – Marktniveau liegen, um so schwieriger ist es, die Regulierung der Mieten wieder aufzuheben: Die gegenwärtigen Mieter würden einen Schock erleben und verständlicherweise politisch viel hierfür tun, diesem Schock zu entgehen. Somit jedoch festigen sie die unvorteilhafte Situation der vom innerstädtischen »Markt« diskriminierten, ausgeschlossenen Personen und Familien. Man kann getrost vermuten, dass auch jene Wähler, die sich gegen eine Aufhebung der Mietpreisbegrenzung stemmen, eher der Mittelschicht angehören, weil genau die es wie gesagt und gezeigt ist, die von ihr profitiert.

---

1 Den Begriff des *kulturellen Kapitals* (als Ergänzung zum ökonomischen Kapital) hat Pierre Bourdieu geprägt.
2 Vgl. Stefan Blankertz, Emma Goldman, Gustav Landauer, *Verschwinde, Staat! Weniger Demokratie wagen* (g. 115), S. 13ff. Siehe oben S. 73f.

Elende Privilegienmärkte. — »Der Interventionismus wird zu einem Wettlauf der einzelnen Interessenten und Interessensgruppen um Privilegien. Die Regierung wird zu einem Weihnachtsmann, der Geschenke verteilt. Doch die Beschenkten müssen die Gabe, die sie empfangen, doppelt bezahlen. Dem Staate stehen keine anderen Mittel zum Schenken zur Verfügung als solche, die er dem Einkommen und dem Vermögen der Untertanen entnimmt. Unter dem Einfluß des Interventionismus haben sich Parlamente zu Privilegienmärkten entwickelt. Die parlamentarische Korruption ist eine unvermeidliche Begleiterscheinung des Interventionismus. Der einzelne Abgeordnete und die einzelnen Parteien werden von den Wählern nach dem Erfolg beurteilt, den sie in der Jagd nach Privilegien erzielen. In der Lobby, in der Vorhalle des Parlaments, drängen sich die Petenten. Im Wahlkampf siegt, wer mehr verspricht und wem man eher zutraut, daß er fähig sein werde, sein Versprechen zu halten.«[1]

Privilegienmärkte = Plattformen infrastruktureller Gewalt.

---

1 Ludwig v. Mises, *Omnipotent Government*, 1944; dt. *Im Namen des Staats*, Bonn 1978, S. 93.

BIBLIOGRAFISCHER ABRISS
WIDER DEN METHODENZWANG

»It seems that every text has more sources than it can reconstruct within its own terms.« — *Judith Butler, 1990.*[1]

---

1 *Gender Trouble*, New York 1990, S. x. – Der utopische Überschuss, der nicht-reflektierte Teil eines Werks der Theorie macht es zum Kunstwerk.

Rothbard. — Den Essay habe ich konzipiert, während ich *Power & Market* (1970) sowie die beiden letzten Kapitel von *Man, Economy, and State* (1962) übersetzt und damit intensiver studiert habe, als Anfang der 1980er Jahre, in denen ich diesen Büchern neben *For A New Liberty* (1973/78) zuerst unter Murray Rothbards Werken begegnet war. Sie sollten entscheidend meine Theorieentwicklung prägen. Diese Wiederbegegnung mit Rothbards Konjunkturtheorie und Theorie der Interventionen, der gewalttätigen Eingriffe des Staats in die Märkte, belebte eine frühe (ursprünglich von Paul Goodman inspirierte) Überlegung neu, inwieweit nämlich die Staatsgewalt die wesentlichen Strukturen und besonders die entscheidenden Infrastrukturen geprägt habe, die uns wie selbstverständlich umgeben, zugleich jedoch auch Gegenstand vielfältiger berechtigter Kritik sind.[1] Bemerkungen über paradoxe infrastrukturelle Auswirkungen, die für die Theorie höchst relevant sind, versteckt Rothbard mitunter in einer Anmerkung, wie etwa: »Ironischerweise haben die höheren Fahrpreise [der New Yorker U-Bahnen] viele Kunden veranlasst, ihre eigenen Autos zu kaufen und zu fahren, was das ewige Verkehrsproblem (d.h. ›Mangel‹ an öffentlichen Straßen) noch verschärfte.«[2]

Weiteres zur Konjunktur- und Geldtheorie findet sich in *America's Great Depression* (1963) sowie dem

1 Siehe oben das Zitat von Paul Goodman auf S. 78.
2 *Man, Economy, and State*, S. 932 (Anm. 66); dt. S. 858f, Fn. 3.

kleinen, aber gehaltvollen Essay *What Has Government Done to Our Money?* (1956). Sie baut auf Ludwig von Mises' *Human Action* (dt. *Nationalökonomie*, 1940; 1949 engl. erweitert und überarbeitet) auf und sie zugleich aus. Mit den historisch-ökonomischen Analysen *Conceived in Liberty* (über Geschichte und Vorgeschichte der US-amerikanischen Revolution, vier Bände 1975-1979), *The Progressive Era* (über die Errichtung eines kriegerischen Sozialstaats in den USA Ende des 19., Anfang des 20. Jahrhunderts, geschrieben in den 1970er und 1980er Jahren, posthum 2015)[1] und *An Austrian Perspective on the History of Economic Thought* (über die Geschichte der Ökonomik von Aristoteles bis heute; auf drei Bände angelegt, nur zwei – bis Marx – hat er fertig gestellt, 1995) geht er definitiv über Mises hinaus.

Die *Anti-Capitalistic Mentality* von 1956 ist Mises' schwächstes Buch mit dem neben *Omnipotent Government* (1944) stärksten Titel; es zeigt seine Unfähigkeit, von den Möglichkeiten zur Ideologiekritik, die in seiner Theorie angelegt sind, Gebrauch zu machen; stattdessen rutscht er in Mentalitäts- und Verschwörungstheorie ab. In seinen besten Jahren, 1964 bis 1984, hat Rothbard das Manko durch eine sich selber gegenüber nicht voll eingestandene Anleihe bei Marx wettgemacht (nämlich einer ideologiekritischen Untersuchung der ökonomischen Interessen, welche zwangsläufig hinter *jedem* Handeln der Staatsgewalt stehen), um Anfang der 1990er Jahre dann mit neuen mentalitäts- und verschwörungstheoretischen Eskapaden in den Fehler des Lehrers, Mentors und Übervaters zurückzufallen.

1 Eine wesentliche Vorarbeit zu diesem Text leistete der Marxist Gabriel Kolko mit *The Triumph of Conservatism* (1963).

Ich selber beschäftige mich seit Beginn der 1980er Jahre mit Rothbard, als ich entdeckte, dass er die in der klassisch anarchistischen Theorie klaffende Leerstelle der Ökonomik, die beschreiben müsste, weswegen ein dezentrales, eigenverantwortliches und freiwilliges Handeln auch ökonomisch Sinn macht, ausfüllt. Die ersten Gehversuche in dieser Richtung war mein Buch *Politik der neuen Toleranz* (Rothbard benutzt für die Konjunkturtheorie und politische Theorie, geschrieben 1984, veröffentlicht 1989). In allem, was dann folgte, spielten Rothbard (und Mises) eine wichtige theoriegebende Rolle, keineswegs aber in jenen dogmatischen Hinsichten, den Blick nicht über ihren Horizont hinaus heben und sie nicht auch kritisieren zu dürfen. Die Zusammenführung ihrer Ansätze mit Paul Goodmans sozialpsychologischer Theorie und der ethnologischen Perspektive meines Doktorvaters Christian Sigrist ergibt meines Erachtens eine konsistente anarchistische Position. Meine Konstruktivismus-Kritik findet sich angedeutet auch in *Wilhelm Reichs Massenpsychologie des Faschismus* (2020). Bleiben als Zutaten noch Kurt Lewin – dessen Beitrag ich in dem vorliegenden Essay würdige – und … Karl Marx.

24

Marx. — Die Nähe zu Karl Marx ging mir, obgleich nach einem augenöffnenden Vortrag von Christian Michel *The Class Struggle is Not Over: Why Libertarians Should Read Marx and Engels* (1998) vermutet, erst 2014 richtig auf (*Mit Marx gegen Marx*, in der edition g. 111). Entgegen der Legende der Marxisten wie auch der Anti-Marxisten hat Marx die sogenannte »Arbeitswertlehre« nicht begründet, sondern in der herrschenden Lehre der Ökonomik vorgefunden. Er sah deren Schwierigkeiten, aber aufgrund seines hegelianischen Verständnisses der Ideengeschichte, demzufolge die herrschende Idee Wahrheit enthalten *müsse*, versuchte er wieder und immer wieder, sie zu retten. Dass nicht Äquivalente sich tauschen, war Marx als Materialist klar. Warum sollte man Äquivalente tauschen? Also führte er den *Gebrauchswert* als Begriff ein, der sich in jedem Tauschakt zwischen den Partnern, die egal was tauschen, unterscheiden müsse. Die Arbeit als Maßstab des Wertes war ebenfalls keine Erfindung von Marx, vielmehr seiner »bürgerlichen« Kontrahenten. Und Marx sah auch hier, dass der Wert weder der puren Arbeitszeit an sich noch auch dem Einsatz oder der Expertise des Arbeiters entspringt, sondern eben einzig dem Gebrauchswert des Gegenstands. Marx kam zu keinem rechten Schluss; darum konnte er das *Kapital* eben nicht fertigstellen (Engels flickte den dritten Band dann aus Texten zusammen, die Marx nicht überzeugt hatten; sonst hätte er ihn selber aus ihnen generieren können). Auch was die Geldtheorie betrifft, war Marx nahe bei Mises, der Vorstellung, Geld entwickle sich aus einer Ware als das allgemeine Tauschmittel, der allgemeine Preis ergebe sich aus der Gesamtmenge von verfügbarem Geld geteilt durch die Gesamtmenge verfügbarer Waren, eine staatliche Zentralbank mit dem Monopol auf die Emittierung von an sich wertlosem Papiergeld werde zum Despoten der Gesellschaft – all das findet sich bereits bei Marx.

Andererseits. Auch Mises und Rothbard führen den Wert eines jeden Gutes auf die Arbeit zurück. Die ursprünglichen Faktoren sind immer Arbeit und Boden. Doch der Boden hat seinen Wert nur in Relation dazu, dass er in Verkehr gebracht wird, also dass Arbeit in ihm steckt (und sei es nur diejenige Arbeit, ihn dort in Verkehr zu bringen, wo man ihn am dringendsten braucht), sodass selbst der Bodenwert sich auf Arbeit zurückführen lässt, mit Arbeit als dem ultimativ ursprünglichen Faktor.[1] Natürlich übersetzt dieser Wert sich nicht umstandslos in einen Preis. Denn niemand zahlt einen Preis (also eigene Arbeit) im Tausch gegen einen Gegenstand, den er nicht entweder seinerseits zum Produzieren nutzen kann oder konsumieren will. Umgekehrt zahlt niemand, bloß weil eine Ware bei ihm ganz oben auf seiner Liste der Gebrauchswerte steht, mehr, als er muss. Wenn ich bereit wäre, 1 Euro für ein Brötchen zu zahlen, weil ich Riesenhunger habe, zahle ich dennoch nur die geforderten 25 Cent, falls sich mir die Gelegenheit bietet. Bei Mises-Rothbard tritt mithin die genau gleiche Dichotomie zwischen Gebrauchswert und Tauschpreis auf wie bei Marx. Dass aus der Reihe unterschiedlicher *subjektiver* (Gebrauchs-) Werte ein *einheitlicher* (objektiver) Preis sich verallgemeinert, und zwar ohne Absprache oder gar Abstimmung, meine wehrten Herrn Mises und Rothbard, das ist wohl berechtigterweise als *Dialektik* zu bezeichnen, oder?

Diese Ähnlichkeiten sind ideengeschichtlich durchaus bemerkenswert, haben jedoch für sich genommen kaum eine praktisch-theoretische Relevanz. Sie ergibt sich erst daraus, die Rothbard-Mises-Ökonomik mit marxistischer Ideologiekritik unterfüttern zu können:

---

1 *Power & Market*, S. 247 (dt. S. 1209): »Both capital goods and land are ultimately reducible to labor (and time).«

mit der Erkenntnis, dass das Handeln der Staatsgewalt, das den Menschen schadet, nicht einem Irrtum entspringt, sondern ökonomischen Interessen. Und diese These auszubauen, ist Aufgabe des vorliegenden Essays.

Freilich macht die Lektüre von Marx noch eine zweite Ergänzung von Mises-Rothbard notwendig, in diesem Fall eine Korrektur. Nehmen wir das wichtigste Kapitel aus dem *Kapital,* das über die »ursprüngliche Akkumulation«, hinzu, muss ein Fragezeichen hinter die allzu idyllische Vorstellung von Mises-Rothbard bezüglich des ursprünglichen Kapitalismus gemacht werden. Die Verzerrung der Infrastruktur durch die Staatsgewalt datiert nicht etwa aus der zweiten Hälfte des 19. Jahrhunderts, in welcher der Interventionismus seinen Ursprung hatte, der dann das 20. Jahrhundert überschattet und im beginnenden 21. Jahrhundert seine absurdesten Blüten hervortreibt, steht vielmehr an der Wiege des Kapitalismus, den mithin im Anfang bereits Staatsgewalt überformte. Unsere Realität der Gegenwart und der Geschichte ist die einer Konstruktion *vermittels* Staatsgewalt.

25

Foucault. — Die ökonomischen Interessen, die den Staat materiell konstituieren, erklären aber nicht alles, nämlich nicht seine Stabilität. Über die ökonomischen Interessen hinaus muss noch dieser Mechanismus der Aufrechterhaltung der Macht analysiert werden, zu der uns Michel Foucault das Rüstzeug gibt, besonders in *Überwachen und Strafen* (1975). Dieses Interesse der Macht steht nicht etwa neben oder alternativ zum ökonomischen Interesse, sondern muss zu ihm hinzutreten

Murray Rothbard, Mitte der 1950er Jahre.

Zitkala-Ša (1876-1938), in Lakota »Red Bird«.

In *The Widespread Enigma Concerning Blue-Star Woman* (1921) erzählt sie, wie Anwälte einer Frau mit einem gefälschten Stammbaum zu ihrem Erbe verhelfen, gegen Zahlung der Hälfte davon. Der erboste Häuptling des Stammes, von dem das Erbe abgezweigt wird, sieht sich wegen Widerstands gegen die Staatsgewalt eingekerkert. Die Anwälte erwirken seine Freilassung, gegen Zahlung von … *Staatsgewalt fetzt.* – Illustrierte deutsche Ausgabe *Das Rätsel um Frau Blauer Stern zieht weite Kreise* (edition g. 208).

 STEFAN BLANKERTZ

als Kehrseite derselben Medaille. Ohne ausreichende Machtrationalität kann demzufolge die ökonomische Zweckrationalität keine Wirklichkeit, jedenfalls keine Wirklichkeit auf gewisse Dauer erlangen. Der russisch-deutsche Baron Ungern von Sternberg plünderte, als er 1921 nach der Eroberung Ulaanbaatars zum letzten Khan der Mongolei gekürt wurde, mit seinen Truppen die Umgebung der Hauptstadt radikal aus. Dies war sicherlich ökonomisch zweckrational, aber seine Herrschaft währte derart nur ein halbes Jahr.

Und wo Foucault mit seiner Mikrophysik der Macht ist, kann auch Nietzsches *Genealogie der Moral* (1887) nicht weit sein.

Während Foucault sich stets bewusst blieb, dass die treibende Kraft hinter der Macht die Staatsgewalt sei, wurde er von der intellektuellen Schickeria auf dem Hintergrund ihres Antikapitalismus rezipiert. Auf einmal stand die Macht außerhalb des Staatsapparates in den menschlichen Beziehungen und es war möglich, die bösen Formen der Macht im Umgang der Menschen miteinander durch die Staatsgewalt zu konterkarieren. Zum Haupt solcher Ideologie sublimen intellektuellen Stalinismus wurde der *späte* Pierre Bourdieu mit seiner Verschwörungstheorie, nachdem er die Soziologie an den Nagel hängte: Die »staatenlose Internationale« des Neoliberalismus höhle den grundanständigen Staat aus und hindere ihn, der Gerechtigkeit Bahn zu brechen.

26

Adorno. — Um meinen ideologiekritischen Blick zu schärfen und jedwede eventuell noch verbliebene Scheu Polemik gegenüber zu überwinden, las ich parallel zum

Schreiben des vorliegenden Essays erneut in Theodor W. Adornos *Jargon der Eigentlichkeit* (1964).

»Um Zustimmung buhlte selbst die Hitlerdiktatur; an ihr überprüfte sie ihre Massenbasis. Vollends unter den Bedingungen formaler Demokratie will die verselbständigte Verwaltung in jedem Augenblick davon überzeugen, daß sie um des verwalteten Ganzen willen da sei. Daher liebäugelt sie ebenso mit dem Jargon, wie dieser mit ihr, der bereits irrationalen, sich selbst genügenden Autorität.«[1] Das ist *Anti-Bourdieu* pur …

Was es von Adorno und insbesondere vom *Jargon der Eigentlichkeit* zu lernen gilt, ist, dass Ideologie im Spätetatismus nicht mehr als Oberflächenphänomen zu betrachten wäre, das nur notdürftig die ihr zugrunde liegenden ökonomischen Interessen kaschiert, sondern ganz weit von diesen entfernt ist, sodass der, der auf sie rekurriert, sich fast selber lächerlich vorkommt. Und deutlicher als Foucault wusste Adorno, dass die Macht eng mit dem Kollektivismus verbunden ist – damit ist er nahe an Mises und Rothbard, doch diese und vor allem ihre heutigen Adepten verstehen Adorno nicht, ja verschmähen ihn: er ist nur noch ihre Projektion.

Mises ist daran nicht unschuldig. Obgleich Freud bei ihm in hohem Ansehen stand, hegte er gegen die Psychologie und Soziologie einen Generalverdacht, den Rothbard von seinem Lehrer übernahm,[2] nämlich un-

---

1 Theodor W. Adorno, *Jargon der Eigentlichkeit*, Frankfurt/M. 1964, S. 68.
2 »We must be careful […] not to hypostatize ›society‹ into a real entity that means something else than an array of all individuals.« (In: *Power & Market*, S. 13; dt. S. 962.) Ein *array* stellt eine Ordnung dar, nicht bloße Summierung; bloße Summierung von Noten ergibt keine Melodie, vielmehr erst ihre Ordnung oder ihre Struktur. Bei Märkten nimmt Rothbard Übersummativität und sogar Ganzheit selbstverständlich an: »The

heilbar dem Kollektivismus verfallen zu sein. Weit am Ziel der Kritik des Kollektivismus vorbei schießend bestritt Mises die Existenz der Übersummativität. Dem Satz, das Ganze sei mehr als die Summe der Einzelteile, unterstellte er gleichsam, dem Jargon der Eigentlichkeit anzugehören und dem Kollektivismus zuzuarbeiten – und auch Adorno zählte die Gestaltpsychologie, der der Satz von der Übersummativität entspringt, zum prä- und postfaschistischen, kollektivistischen Jargon.[1]

Es ist schnell gezeigt, dass beide, Mises und Rothbard, das nicht ernst meinen konnten. Die Tatsache der Arbeitsteilung, auf der sie bestanden, zeigt es so deutlich wie es nur möglich ist. Ein Werk in Arbeitsteilung zu erstellen, indem jeder genau das tut, was er relativ zu den anderen am Werk Beteiligten am besten kann, produziert mehr, als wenn jeder für sich tätig wird. Demnach *ist* das Ganze mehr als die Summe der Teile. Eher bedeutet Kollektivismus die Negierung des Satzes der Übersummativität: Die Gemeinschaft des Kollektivismus ist keine Ordnung, die aus der Summe der Teile sich ergibt, sondern ist eine herrschaftliche Verfügung, die von der jeweiligen Eigenart der Teile und ihres Verhältnisses zueinander absieht: Für den Kollektivismus sind alle Teile gleich. Es ergibt sich keine Melodie (das ursprüngliche Phänomen, an welchem der Fakt von der Übersummativität beobachtet wurde), sondern Mono-

---

market is a vast nexus [!], with all strands interconnected, and it must be analyzed as such. The prevailing fashion in economics of chopping up the market into isolated compartments [...] distorts [!] the discussion of each one of these compartments and fails to present a true picture of the interrelations [!] of the market.« Ebd., S. 122 (dt. S. 1080).
1 Vgl. *Jargon der Eigentlichkeit*, S. 117ff. Im us-amerikanischen Exil sah Adorno sich in Konkurrenz zu Kurt Lewin. Von diesem hätte er erfahren

tonie, gähnende Leere. Eine Übersummativität kommt nicht zustande, sondern nur das Aufsummieren von gleichen Teilen. Man könnte den Kollektivismus Untersummativität nennen – das Ganze des Kollektivismus als *weniger* denn die Summe seiner Teile. Genau dies ist die Lehre aus der Planwirtschaft. Und das entspricht dann auch Adornos besserer Einsicht:

»In [der] Ursprünglichkeit aus zweiter Hand [des Jargons] finden [die vom Jargon Berieselten] tatsächlich [so] etwas wie Kontakt, vergleichbar dem Gefühl, in der angedrehten nationalsozialistischen Volksgemeinschaft sei für alle Artgenossen gesorgt, keiner werde vergessen; metaphysische Winterhilfe[1] in Permanenz. Die gesellschaftliche Basis dafür ist, daß viele Vermittlungsinstanzen der Makroökonomie, welche das Bewußtsein der Fremdheit verstärken, im Übergang zur Planwirtschaft beseitigt, die Bahnen zwischen dem Ganzen und den atomisierten Subjekten so verkürzt sind, als wären sie einander nah.«[2]

27

Wider den Methodenzwang. — Zum einen sollte klar sein, dass eine Ansage mit Behauptung einer Wahrheit[3] nicht ohne eine zumindest implizite Erkenntnistheorie gelingt, zum anderen passt eine explizit gemachte Er-

können, dass es beim Satz von der Übersummativität gerade nicht sich um holistische All-Einheit handelte, sondern um genau zu bezeichnende Strukturen, die ein- und abgegrenzt sind. Aus Lewins ganzheitlichem Ansatz folgt, dialektisch, seine *Kritik* der Ganzheit.

1 Am 13. September 1933 eröffnete Hitler die »Erste Winterhilfsaktion gegen Hunger und Kälte«.

2 *Jargon der Eigentlichkeit*, S. 65.

3 Die Behauptung einer Wahrheit stellt übrigens auch die Ansage auf, eine Wahrheit gäbe es nicht. *Sorry*, Paul K. Feyerabend.

kenntnistheorie allzuoft nicht zu den dann erfolgten Schlüssen. Bei Anderen sieht man leicht den Splitter im Auge (etwa jener Zeitgenossen, die auf Wissenschaftsgläubigkeit schimpfen und im nächsten Atemzug uns erklären, dass Quantenphysik und Neurobiologie dies oder jenes bewiesen hätten und dass alles Leugnen der einen oder anderen in den Medien der herrschenden Meinung – mithin der Meinung der Herrschenden – gemachten Behauptung gegen Wissenschaft und Vernunft verstießen); aber den Balken bei sich selber?

Die Erkenntnistheorie bei Ludwig von Mises und Kurt Lewin ist schnell benannt: Kant, Kant und nochmals Kant: Es geht ihnen darum, Gesetzmäßigkeiten des Handelns zu formulieren, die *a priori* gelten, also unabhängig von jeder Empirie. Sie müssen durch eine reine Logik des Handelns ermittelt werden und sind darum synthetische Sätze *a priori*. Idealerweise entsteht eine Praxeologie.

Bei Murray Rothbard verhält es sich schon deutlich komplizierter. Im angelsächsischen Raum genießt Kant nicht die gleiche Autorität wie im deutschsprachigen Raum; zudem hat Ayn Rand Rothbard beeinflusst, obgleich er nie zu ihrem Kreis gehörte, und Ayn Rand galt Kant als *der* Verderber der Vernunft. Hume mit seinem extremen Empirismus und seiner Ablehnung der Kausalität war allerdings weder für Ayn Rand noch für Rothbard akzeptabel. Hier musste der gute alte Aristoteles und in dessen Gefolge Thomas von Aquin her. (Doch, im Licht betrachtet, lugt sowohl bei Ayn Rand als auch bei Rothbard Kant hinter dem Vorhang hervor.)

Aber wenn man nun von der reinen Aussagenlogik

zu konkreten gesellschaftlichen und historischen Abläufen übergeht, wie es schon bei Mises (und Ayn Rand) der Fall war, aber besonders die Analyse von Rothbard auszeichnet, kommt man ohne Dialektik nicht aus. Selbst ein solch abstraktes Konzept wie das Eigentum macht ohne Gesellschaft gar keinen Sinn. Unfreiwillig komisch und doch erhellend ist Rothbards Kapitelüberschrift in *The Ethics of Liberty* (1982, S. 29), »A Crusoe Social Philosophy«. Hegel und Marx aber sind für Mises und Rand und meist auch für Rothbard ein rotes Tuch.

Mit Phänomenologie als möglicher Alternative zur Dialektik haben sie sich meines Wissens niemals befasst, obwohl der Kantianer Edmund Husserl eine Verbindungslinie hätte sein können. Dennoch scheint mir die Hinzunahme dieser Denkrichtung über Emmanuel Levinas bis hin zu Jacques Derrida und Judith Butler nicht uninteressant zu sein für eine ideologiekritische Rekonstruktion der Rothbard'schen Sozioökonomik;[1] Butlers freilich bloß deutschen Titel *Kritik der ethischen Gewalt* (2003/07)[2] halte ich gar für die geeignete Zusammenfassung seiner theoretischen Anstrengungen: Allerdings übt *sie* diese Kritik mit Nietzsche und mit Levinas in der Nachfolge Adornos. Und hier schließt sich der Kreis: Dass Worte performative Akte der strukturellen Gewalt sind, muss jedem einleuchten, der über das Phänomen – oder die Dialektik – von Befehl und Gehorsam nachgedacht hat. Doch auch der Widerstand spielt sich zum größten Teil im Raum der Worte ab. Praxeologie muss Sprachkritik werden.

1 Vgl. Stefan Blankertz, *Derrida liest*, Berlin 2019 (edition g. 112).
2 Der englische Originaltitel lautet: »*Giving an Account of Oneself*«, 2005.

INDEX

Adorno, Theodor 39, 109-112,
  114
Aristoteles 102, 113
Bakunin, Michael 26
Beauvoir, Simone de 15
Ben-Gurion, David 26
Bjørneboe, Jens 27
Bourdieu, Pierre 74, 97, 109f
Brecht, Bertolt 38f
Butler, Judith 15-18, 100, 114
Cleyre, Voltairine de 26
Deleuze, Gilles 27
Deng Xiaoping 68
Derrida, Jacques 114
Engels, Friedrich 23, 103f
Engeström, Yrjö 75f
Erasmus von Rotterdam 15
Feyerabend, Paul K. 112
Foucault, Michel 18, 106, 109f
Freud, Sigmund 55, 110
Gandhi, Mahatma 59
Goldman, Emma 26
Goodman, Paul 18, 78, 101, 103
Guevara, Ernesto 26
Hayek, F. A. 12, 17
Hitler, Adolf 12, 112
Hegel, G. W. F. 114
Horwitz, Morton 33
Hume, David 113
Husserl, Edmund 114
Kant, Immanuel 113
Katz, Michael 50
Kellner, Manuel 69
Keynes, John 47f
Kolko, Gabriel 102
Kropotkin, Peter 26
Landauer, Gustav 26

Lenin, W. I. 26, 47, 67, 69f
Levinas, Emmanuel 114
Lewin, Kurt 55-58, 60, 63f, 75,
  103, 113f
Lindbeck, Assar 81
Liu Shaoqi 67
Mandel, Ernest 69
Mao Zedong 26, 68
Marcuse, Herbert 68f
Marx, Karl 23, 47, 102-106, 114
Michel, Christian 103
Mises, Ludwig von 39, 55, 78f,
  102-107, 110f, 113f
Muchina, Wera 13
Myrdal, Gunnar 81
Nietzsche, Friedrich 109
Philippson, Peter 10
Pol Pot (Bruder Nr. 1) 46
Pontormo, Jacobo da 14
Proudhon, Pierre-Joseph 26
Rand, Ayn 34, 113f
Rothbard, Murray 101ff
Salazar, António de Oliveira 90
Schiefer, Ulrich 52
Sigrist, Christian 58, 103
Smith, Adam 26
Stalin, Josef 12, 26, 39, 46f
Tatlin, Wladimir 13
Thomas von Aquin 113
Tooley, James 51
Trotzki, Leo 26, 69
Tucker, Benjamin 26
Ulbricht, Walter 61
Ungern-Sternberg, Roman 109
West, Edwin George 51
Zhao Ziyang 68
Zitkala-Ša 108

     STEFAN BLANKERTZ

STEFAN BLANKERTZ

TYPOGRAPHIE

Die Schrift des Titels und der Headlines basiert auf dem konstruktivistischen »Alfabet«, das der niederländische Künstler Theo van Doesburg[1] 1919 zeichnete und in verschiedenen Modifikationen für Buch- und Plakatprojekte verwandte. Meine Interpretation seiner Typographie nimmt leichte Veränderungen in Hinblick auf entweder bessere Lesbarkeit oder Konsequenz vor. Eine überzeugende Lösung für das **H** (ursprünglich **H**), ohne Diagonalen zu erlauben, ist mir nicht gelungen – und vermutlich unmöglich. Der radikale Konstruktivismus scheitert.

Den Fließtext der konstruktivistischen Zeitschrift *De Stijl*, die Theo van Doesburg 1917 bis 1928 herausgab, kennzeichnete allerdings eine klar konservative Typographie, charakterisiert etwa von einem »e« mit schrägem Querstrich; dem habe ich durch Verwendung einer um 1470 von Nicolas Jenson entworfenen Schrift Rechnung getragen, der *Adobe Jenson Pro*.

---

1 Geburtsname: Christian Emil Marie Küpper (1883-1931); als weiteres Psyeudonym nutzte er: I. K. Bonset. Die Freundschaft mit Piet Mondrian zerbrach, als Theo van Doesburg die Diagonale in abstrakten Gemälden einsetzte.

editiongpunkt.de